Königs Erläuterungen und Materialien
Band 384

Erläuterungen zu

Stefan Zweig

Schachnovelle

von Walburga Freund-Spork

Über die Autorin:

Walburga Freund-Spork, Studium der Germanistik und Geschichte an der Universität Münster. Realschullehrerin, Fach-
leiterin für das Fach Deutsch Sekundarstufe I, Mitautorin des
Lehrplans Deutsch für die Sekundarstufe I (NRW), Referentin
für Fort- und Weiterbildung bei der Bezirksregierung Det-
mold, stellv. Seminarleiterin am Studienseminar Sek. I in
Paderborn.
In den Zeitschriften Diskussion Deutsch, Praxis Deutsch, Blät-
ter für den Deutschlehrer und Literatur für Leser hat sie
literaturdidaktische Beiträge vorgelegt. Literaturwissenschaft-
liche Untersuchungen zu Heinrich Heine, zu Novellen und
Romanen der Gegenwart sowie zur modernen Essayistik sind
von ihr in den Universitäts-Taschenbüchern und in den
Grabbe-Jahrbüchern erschienen.
Frau Freund-Spork ist Autorin von Interpretationen und Lern-
hilfen namhafter Verlage.

1. Auflage 2002
ISBN 3-8044-1736-1
© 2002 by C. Bange Verlag, 96142 Hollfeld
Alle Rechte vorbehalten!
Titelabbildung: Stefan Zweig
Druck und Weiterverarbeitung: FINIDR Vimperk

Vorwort

Mit der *Schachnovelle,* deren Publikumswirksamkeit von Stefan Zweig zunächst nicht sehr hoch eingeschätzt wurde, hat der Autor ein Werk geschaffen, das immer wieder mit dem Prädikat „Meisternovelle" ausgezeichnet worden ist.

In der *Schachnovelle* begegnet dem Leser das Unmenschliche als *Einseitigkeit,* als ungeheuerliche Konzentration auf *eine* Sache, auf *einen* Gedanken, auf *eine* Tätigkeit. Hinter dem Schachautomaten vermag der Leser das System faschistischer Gewaltpraxis zu erkennen, das kulturfeindlich und kulturfern den Autor Zweig seiner europäischen Heimat beraubt und ihm den Lebensmut genommen hat.

Was mit Blick auf die Entstehung der Novelle als Kritik an der ideologischen Borniertheit des Faschismus verstanden worden ist, lässt sich in aktualisierender Lesart als Warnung vor der kybernetischen Technologie verstehen, die auf dem Weg ist, den Menschen elektronischen Steuerungsmechanismen zu unterwerfen und ihn aus der Mitte des Lebens zu verdrängen. Die Darstellung menschlichen Unterliegens in der Novelle sollte zum Anlass genommen werden, über die Stellung und die Aufgabe des Menschen in der Gesellschaft und in der Welt nachzudenken.

Es handelt sich insgesamt um ein Kunstwerk, das beispielhaft für die Erfüllung der Novellenstruktur mit ihren besonderen Merkmalen steht. Obwohl sich die Novelle durch ihre hohe literarische Qualität auszeichnet, stellt sie doch ein Werk dar,

- das man verstehen kann, ohne viel über die Geschichte seiner Entstehung zu wissen,
- dessen klare Struktur pointiert auf die unerhörte Begebenheit zuläuft,

- dessen zentrales Dingsymbol (das Schachspiel) in seiner Tragweite erkannt werden kann, ohne dass der Leser selbst dieses Spiel beherrscht,
- das mehrschichtiges, symbolisches Erzählen exemplarisch vorstellt und einsichtig macht.

In den Hauptpersonen begegnen zwei gegensätzliche Typen, in deren Verhalten beim Aufeinandertreffen im Schachspiel sich typisch menschliche und zeitgeschichtliche Erfahrungen spiegeln. Die *Schachnovelle* stellt insofern ein Beispiel für die Erkenntnis dar,

- zu welcher Bestialität und Brutalität Menschen fähig sind, die sich monomanisch einer ideologischen oder politischen Idee verschreiben,
- dass jede Form von Intoleranz menschenunwürdig ist,
- dass Humanität häufig der Brutalität anderer und deren Durchsetzungskraft unterliegt,
- dass Hunger nach geistiger Nahrung dem physischen Hunger in nichts nachsteht, weil er den Intellekt des Menschen, eben das, was ihn zum Menschen macht, vernichtet,
- dass alle Einseitigkeit inhuman und dem Menschen unangemessen ist, weil sich der Mensch dadurch selbst beschneidet.

Textgrundlage der Erläuterung ist folgende Ausgabe: Stefan Zweig: *Schachnovelle*. Fischer Taschenbuch Verlag. Frankfurt a. M., 47. Auflage 2000. Der Text folgt dem Originaltyposkript. Seitenangaben als Zitatbelege aus diesem Werk schließen sich in Klammern unmittelbar an das Zitat an.

1. Stefan Zweig: Leben und Werk

1.1 Biografie

Jahr	Ort	Ereignis	Alter
28. November 1881	Wien	Stefan Zweig wird als zweiter Sohn des Ehepaars Zweig in Wien geboren. Seine Eltern gehören dem liberalen jüdischen Großbürgertum Wiens an.	
1887–1892	Wien	Stefan Zweig besucht die Volksschule in der Werdertorgasse.	6–11
1892–1900	Wien	Besuch des Maximiliangymnasiums im 9. Bezirk. Er hat dort vor allem alte Sprachen, Geometrie und Physik erlernt, während ihm das, was ihm wissenswert erschien, Französisch, Englisch, Italienisch, Musikunterricht in zusätzlichen Privatstunden beigebracht wurde.	11–19
Herbst 1900	Wien	Nach einer ersten Bildungsreise nach Frankreich nach dem Abitur schreibt er sich als Student für Philosophie und Literaturwissenschaft an der Universität Wien ein. Im Studium ging es ihm vor allem um die Beschäftigung mit der zeitgenössischen	19

Jahr	Ort	Ereignis	Alter
		Literatur. Zweig blieb zeitlebens Schöngeist und Ästhet.	
1901	Wien	Erste Buchveröffentlichung seiner Gedichte unter dem Titel *Silberne Saiten* im Verlag Schuster & Löffler. Diese Veröffentlichung zog weitere in bekannten Journalen nach sich.	20
1902	Wien	Beginn der Mitarbeit an der *Neuen Freien Presse*.	21
1902	Wien	Übertragung und Herausgabe der besten Gedichte des französischen Lyrikers Paul Verlaine, um die eigenen Ausdrucksmöglichkeiten zu schulen.	21
Sommer 1902	Brüssel u. a. Orte	Bekanntschaft mit dem belgischen Lyriker Emile Verhaeren. Zweig machte dessen Werke in Deutschland bekannt.	21
1902/ 1903	Berlin	Zweig schreibt sich für ein Semester an der Universität Berlin ein. Begegnung mit Kollegen der „neuen" Literatur im Literatenkreis „Die Kommenden", ein Sammelbecken von Künstlern und Intellektuellen.	22
1904	Wien	Studienabschluss mit einer Doktorarbeit in Philosophie.	23

Jahr	Ort	Ereignis	Alter
1904	Paris und London	Bekanntschaft mit dem Lyriker Rainer Maria Rilke und dem Bildhauer Auguste Rodin in Paris. In London bleiben ihm Kontakte zu Künstlerkreisen versagt. Er nutzt die Zeit, um im Britischen Museum für zukünftige Arbeiten zu recherchieren.	23
1905		Monografie zu Paul Verlaine (1844–1896), dem französischen Dichter und Mitbegründer des Impressionismus.	24
1905	Spanien, Algier	Reise nach Spanien und Nordafrika	24
1906	England	Viermonatiger Englandaufenthalt. Zweig überträgt *Die visionäre Kunstphilosophie des William Blake* in die deutsche Sprache. In Leipzig (im neu gegründeten Insel-Verlag) erscheint der Gedichtband *Die frühen Kränze*, eine Sammlung, von der Zweig sich später distanzierte.	25
1907	Wien	Zweig bezieht seine erste Wohnung in Wien in der Kochgasse 8. Er beginnt mit der Sammlung von Autographen, die er später zu einer einmaligen Handschriftensammlung von Arbeits-	26

Jahr	Ort	Ereignis	Alter
		texten berühmter historischer Literaten und Musiker ausweitet.	
		Sein Versdrama *Tersites* erscheint.	
1908	Dresden und Kassel	Uraufführung des *Tersites*.	27
1908	Wien	*Balzac: sein Weltbild aus den Werken,* bearbeitet und eingeleitet von Stefan Zweig, erscheint in Stuttgart.	27
1908/09	Asien/Indien	Fünfmonatiger Aufenthalt in Asien.	27–28
		Das indische Kastenwesen erscheint Zweig als „Pest des Rassenreinheitswahns."[1]	
1910	Wien	Die Monografie über Emile Verhaeren und einige Übertragungen seiner Werke erscheinen in zwei Bänden.	
1911	Amerika, New York, Kanada, Panama, Kuba, Puertorico	Reise nach Amerika. Nach anfänglichem Enthusiasmus beschleicht ihn das Gefühl äußerster Einsamkeit. Um überhaupt menschliche Kontakte zu spüren, begibt er sich in die imaginäre Rolle eines Einwanderers.	30

---

1 Stefan Zweig, *Die Welt von gestern.* (WVG) Erinnerungen eines Europäers. Ungekürzte Sonderausgabe. Fischer Verlags- und Vertriebsgesellschaft, Frankfurt/M. und Hamburg 1944. S. 172.

Jahr	Ort	Ereignis	Alter
1912	Österreich	Er erprobt real seine Chance, Arbeit zu finden und Fuß zu fassen[2]. Bekanntschaft mit Friderike von Winternitz, seiner späteren Frau. Sie stammte aus jüdischer Familie, hatte zwei Töchter. Ihre Zuneigung zu Zweig findet schließlich seine Erwiderung.	31
1913	Breslau	Zur Manifestation der deutsch-französischen Verbrüderung organisiert Stefan Zweig für Emile Verhaeren eine Vortragsreise durch Deutschland und überträgt Verhaerens *Hymnen an das Leben*. Erstaufführung des Einakters *Der verwandelte Kommödiant,* eine Auftragsarbeit des Wiener Burgschauspielers und Iffland-ring-Trägers Josef Kainz.	32
1913	Wien	Uraufführung des Trauerspiels *Das Haus am Meer* am Burgtheater in Wien. Übertragung von Verhaerens *Rubens.* Erscheinen der Novelle *Brennendes Geheimnis* bei Insel. Entstehen der Freundschaft zu Romain Rolland, dem großen Pazifisten.	32

2   Ebd. S. 176 ff.

Jahr	Ort	Ereignis	Alter
1914	Belgien	Reise zu Emile Verhaeren. Überstürzte Rückkehr nach Wien bei Ausbruch des 1. Weltkriegs. *Offener Brief an die Freunde im Fremdland,* in dem er der Zugehörigkeit zur Nation den Vorrang über die Internationalität einräumt. Am 1. Dezember Einberufung in den Bibliotheksdienst im Kriegsarchiv, in dem auch Rilke kurzfristig Dienst in Uniform tat. Aufrechterhaltung des Briefwechsels mit Romain Rolland in der Schweiz.	33
Juli 1915	Galizien	Dienstreise zur Beschaffung von Kriegsdokumenten. Zweig gewinnt auf dieser Reise Einblicke in das Grauen des Krieges an der Ostfront. Er ist Zeuge eines gewaltigen Sterbens.	34
1916	Kalksburg bei Rodaun	Gemeinsame Wohnung mit Friderike von Winternitz. Die Eheschließung erfolgte erst im Januar 1920. Als Katholikin war ihre Wiederverheiratung als geschiedene Frau schwierig.	35

Jahr	Ort	Ereignis	Alter
1916/17	Salzburg	Kauf des Hauses am Kapuzinerberg. Es handelte sich um ein ehemals erzherzögliches Jagdschlösschen.	35–36
1917	Wien	Zweigs Anti-Kriegsdrama *Jeremias* erscheint im Insel-Verlag. Für eine Vortragsreise durch die Schweiz und die Proben zu *Jeremias,* 1918 im Stadttheater in Zürich uraufgeführt, wird er vom Dienst im Kriegsarchiv beurlaubt. Besuch Romain Rollands und beim Roten Kreuz in Zürich.	36
1917/18	Schweiz u. a. Orte	Enger Kontakt zu pazifistischen Künstlern und Intellektuellen (Frans Masareel, Baudouin, Arcos, Jouve). Zusammentreffen mit zeitgenössischen Künstlern (Hermann Hesse, Fritz von Unruh, James Joyce, Ferruccio Busoni, Annette Kolb). Übersetzung von Dramen Rollands.	37
1919	Salzburg	Rückkehr nach Österreich. Einleitung und Revision der Übersetzung von Rousseaus *Emile oder die Erziehung.*	38

Jahr	Ort	Ereignis	Alter
1920	Salzburg	Erscheinen des 1. Teils der Essay-Reihe *Baumeister der Welt* (Balzac, Dickens, Dostojewski). Rolland-Biografie. Wiederaufnahme der Reisetätigkeit (Italien und Westerland/Sylt)	39
1921	Salzburg	Verfassen der Einleitung zu *Sämtliche Romane und Novellen Dostojewskis*.	40
1922	Salzburg	*Amok. Novellen einer Leidenschaft* im Insel-Verlag. Legende. *Die Augen des ewigen Bruders* in der Insel-Bücherei.	41
1924	Salzburg	Herausgabe *Die gesammelten Gedichte* (Insel Verlag).	43
1925	Salzburg	Erscheinen des 2. Teils der Essay-Reihe *Baumeister der Welt*. (Hölderlin, Kleist, Nietzsche) unter dem Titel *Der Kampf mit dem Dämon*.	44
1926	Salzburg	Freie Bearbeitung der Komödie *Volpone* nach Ben Jonson, die zu einem Welterfolg wurde.	45
1927		In der Insel-Bücherei erscheinen 5 Miniaturen unter dem Titel *Sternstunden der Menschheit*. Zweig begeistert als bekannter und vielgelesener Schriftsteller eine feste Lesergemeinde.	

Jahr	Ort	Ereignis	Alter
1928	Salzburg und Moskau	Der 3. Teil der Essay-Reihe *Baumeister der Welt* (Casanova, Stendhal, Tolstoi) kommt heraus. Im September unternimmt er als Delegierter der österreichischen Schriftsteller eine zweiwöchige Reise in die Sowjetunion zur Einhundert-Jahrfeier Leo Tolstois. Begegnung mit Maxim Gorki. *Amok* und *Brief eines Unbekannten* werden verfilmt. Zweig gerät auf den Höhepunkt seiner Popularität.	47
1929	Wien	Gedenkrede für Hugo von Hofmannsthal im Wiener Burgtheater anlässlich von dessen Trauerfeier. Erscheinen eines Buches über *Joseph Fouché. Bildnis eines politischen Menschen*, einer Tragikomödie *Das Lamm der Armen* und von vier Erzählungen unter dem Titel *Kleine Chronik*. In Berlin erscheint die biblische Legende *Rahel rechtet mit Gott*.	48
1930	Sorrent	Reise zu Maxim Gorki, der in Sorrent Heilung von seinem Lungenleiden sucht.	49

Jahr	Ort	Ereignis	Alter
1931	Frankreich	Veröffentlichung weiterer Essays und *Ausgewählter Gedichte* im Insel-Verlag. Der Verlag ehrt ihn zum 50. Geburtstag mit einer Bibliografie seiner Werke.	50
1932	Salzburg Paris Florenz Mailand	Beginn einer fruchtbaren Zusammenarbeit mit Richard Strauß. Verfassen eines Opernlibrettos mit dem Titel *Die schweigsame Frau* nach einer Vorlage von Ben Jonson. In dieser Zeit wurde sein Haus am Kapuzinerberg zum Treffpunkt europäischer Künstler aller Kunstrichtungen.[3] Verfassen einer Biografie über *Marie Antoinette. Bildnis eines mittleren Charakters.*	
1933	Deutschland London	Öffentliche Bücherverbrennung durch nationalsozialistische Studenten. Auch Zweigs Bücher werden verbrannt. Der Verkauf der Bücher jüdischer Schriftsteller wird zum „Schutz des deutschen Volkes" verboten. Ab 20. Oktober Londonaufenthalt. Recherchen im British Museum zu einer Biografie über *Maria Stuart.*	51

---

3   Ebd. S. 289 ff.

Jahr	Ort	Ereignis	Alter
1934	Salzburg	Nach der Durchsuchung seines Hauses nach Waffen durch die österreichische Heimwehr verlässt Zweig Salzburg endgültig, um sich in London anzusiedeln. Begleitet wird er von Lotte Altmann, seiner Sekretärin. Erscheinen seines Porträts *Triumph und Tragik des Erasmus von Rotterdam.* (Exilverlag Reichner, Wien)	
1935	London	Übersetzung eines Pirandello-Stücks. Erscheinen der Biografie zu *Maria Stuart* (Reichner)	54
24. Juni 1935	Dresden	Uraufführung der komischen Oper von Richard Strauß *Die schweigsame Frau.* Textbuch von Stefan Zweig.	54
1936	London Brasilien Argentinien	Stefan Zweig bezieht ein Haus in London, Hallam Street 49. Veröffentlichung von *Castellio gegen Calvin oder Ein Gewissen gegen die Gewalt.* Einladung zum PEN Kongress nach Argentinien. Ehrenvoller Empfang in Brasilien, Weiterreise zur Kongressteilnahme in Buenos Aires.	55

Jahr	Ort	Ereignis	Alter
1937	London	Aufsätze und Erinnerungen: *Begegnungen mit Menschen, Büchern, Städten*. Legende: *Der begrabene Leuchter*. (Reichner) Verkauf des Hauses in Salzburg. Trennung von Friderike.	56
1938	Portugal	Reise mit Lotte Altmann. Vorarbeiten zur Biografie über *Magellan. Ein Mann und seine Tat*. (Reichner) Scheidung von Friderike. Mit dem Anschluss Österreichs ans Deutsche Reich beantragt Zweig seine britische Staatsbürgerschaft.	57
1939		*Ungeduld des Herzens* erscheint in englischer Sprache. In deutscher Sprache wird der Roman in Amsterdam und Stockholm gedruckt.	58
Juli		Übersiedlung in ein eigenes Haus in Bath. Eheschließung mit Lotte Altmann. Zum Zeitpunkt der Eheschließung war Lotte Altmann als deutsche Staatsbürgerin in England von Internierung in ein Arbeitslager bedroht.	

Jahr	Ort	Ereignis	Alter
		Kontaktpflege zu Sigmund Freud, der 1938 schwerkrank nach London emigriert war. Zweig hielt ihm in London die Grabrede.	
1940		Erlangen der Englischen Staatsbürgerschaft	59
		Vortragsreisen nach Paris, New York, Brasilien, Argentinien und Uruguay.	
1941	New Haven (USA), Petropolis, Brasilien	Arbeit an *Amerigo – Geschichte eines historischen Irrtums. Brasilien. Ein Land der Zukunft.* Übersiedlung in ein Haus in Petropolis bei Rio de Janeiro. Hier beginnt er seine Studien zu *Montaigne,* beendet seine Autobiografie *Die Welt von gestern. Erinnerungen eines Europäers* und verfasst sein letztes Werk **Schachnovelle.**	60
22. Februar 1942	Petropolis	Freitod mit seiner Frau Lotte anlässlich des Falls von Singapur, einer Niederlage des Britischen Empire. Parallel meldete die Zeitung die erfolgreiche deutschen Offensive in Lybien mit dem Ziel Suez-Kanal.	61

Jahr	Ort	Ereignis	Alter
		Persönliche Anlässe lagen zweifellos in einer starken Neigung zu immer wiederkehrenden Depressionen, aus denen früher das Versenken in Arbeit geführt hatte. In Petropolis empfand Zweig den Mangel an Möglichkeiten, die notwendigen Recherchen für seine neuen Arbeiten machen zu können und gleichfalls den Mangel an stofflichen Anregungen, der mit dem Zugang zu den muttersprachlichen Quellen versiegt war. Staatsbegräbnis auf dem Friedhof in Petropolis.	

1.2   Zeitgeschichtlicher Hintergrund

Stefan Zweig wurde 1881 in die Gesellschaftsform der Habs-
burger Monarchie hineingeboren. Sie wurde von 1848 bis 1916
von Kaiser Franz Joseph I. regiert. Er verstand es, den Vielvölkerstaat noch zusammenzuhalten, konnte das Reich letzt-
lich jedoch nicht vor dem Auseinanderfall bewahren.
Stefan Zweig überschreibt das erste Kapitel seiner Autobiografie *Die Welt von gestern* „Die Welt der Sicherheit"[4] und bringt
damit zum Ausdruck, dass die Mehrzahl der Bewohner des
Vielvölkerstaates sich kaum eine andere als die bestehende
Gesellschaftsordnung vorstellen konnte. Die Kaiserstadt Wien,
in der viele Menschen die geistige Unabhängigkeit einem nationalen Denken vorzogen, war weltoffen. Stadt wie Staat waren tolerant und nahmen die verschiedenen Nationalitäten,
Religionszugehörigkeiten und Sprachen als selbstverständlich
hin. Zweig spricht in diesem Zusammenhang von der allgemeinen Überzeugung, dass das 19. Jahrhundert in seinem li-
beralistischen Idealismus sich auf dem
Weg zur besten aller Welten befand.[5]

Wien als europäische Kulturstadt

Aus dem Blickwinkel des Sohns aus der bürgerlichen Ober-
schicht stellen sich Zweigs erste 25 Lebensjahre als ein reines
Eldorado dar: Er lebte in einer europäischen Kulturstadt, der
Frieden schien gesichert, der Bruderkrieg gegen Preußen lag
mehr als ein halbes Jahrhundert zurück. Der Wiener Hof erschien als Hort und Wahrer einer tausendjährigen Tradition,
was allein schon zum Weltbürgertum schlechthin erzog. Auch
an der gesellschaftlichen Ordnung rüttelte zunächst niemand.
An der Spitze stand das Kaiserhaus, es folgte die „gute Gesellschaft des internationalen Hochadels, der niedrige Adel und

---

4   Ebd. S. 13 ff.
5   Ebd. S. 14.

die hochrangigen kaiserlichen Verwaltungsbeamten. Die Industriellen, oft alteingesessene Familien, bildeten das liberale Großbürgertum, ihm folgten Kleinbürgertum (Handwerker) und das Proletariat. Diese Ordnung spiegelte sich in der Stadt Wien in der Zugehörigkeit zu bestimmten Stadtteilen, die sich in konzentrischen Kreisen um die Hofburg legten. Als großbürgerliche Industrielle besaßen die Zweigs ein Patrizierhaus am Ring, der Prachtstraße Wiens. Karl Marx hatte sein *Kommunistisches Manifest* bereits 1848 veröffentlicht, die erwähnte Sicherheit war durch vorgestellte soziale Veränderungen gefährdet.

Wie die Eltern Zweigs zeichnete sich die Wiener Judenschaft im Allgemeinen durch Anpassung aus. Diese war inneres Bedürfnis und bot äußerlich der Minderheit Schutz. Die Juden hatten sich seit 200 Jahren in Wien „eingewohnt" und betätigten sich, sofern sie zu Wohlstand und Reichtum gekommen waren, als Mäzene und Kunstförderer durch Kunstsammlungen und Zuwendungen an Künstler und Kunst aller Sparten.

Die nachgeborenen Söhne aus Industriellenkreisen widmeten ihr Leben oft geistiger und künstlerischer Arbeit. Zweigs Lebensweg kann als exemplarisch gelten. Er selbst bezeichnet den Aufstieg ins Geistige als Ideal und den eigentlichen Willen der Juden. Der Drang nach Reichtum erschöpfte sich innerhalb einer Familie in drei Generationen, danach erstrebte man den Aufstieg in eine höhere kulturelle Schicht. Schon immer hatte im Judentum der Gelehrte (Bibelgelehrte) mehr gegolten als der Reiche. Die Flucht ins Geistige stellte sich häufig dar in einer „unproportionierten Übererfüllung" der intellektuellen Berufe mit dem Ziel, sich aus dem bloß Jüdischen ins allgemein Menschliche aufzulösen.[6]

Mit dem neuen Jahrhundert zeichnete sich jedoch eine neue Ordnung in einer neuen Zeit ab.

---

6 Ebd. S. 22–23.

Die vom wirtschaftlichen Aufschwung ausgeschlossenen Industriearbeiter kehrten sich vom Liberalismus ab und entwickelten eine antikapitalistische Haltung. Die Umwandlung zum Parteienstaat begann.

> Industriearbeiter entwickelten eine antikapitalistische Haltung

1888/89 kam es zur Neubegründung der österreichischen Arbeiterbewegung unter Dr. Alfred Adler. Ihm gebührt das Verdienst, die österreichische Sozialdemokratie zu einer geschlossenen Organisation mit politisch geschulten Arbeitern gemacht zu haben.

Darüber hinaus verstärkten sich am Ende des Jahrhunderts nationale Ideen in den nicht deutschstämmigen Teilen der Monarchie. In Ungarn bildete sich eine National- und eine Unabhängigkeitspartei, die beide durch die Unterdrückung der nicht magyarischen Bevölkerung dem Ansehen der Monarchie sehr schadete, weil sie in den Ruf geriet, ihre Nationalitäten unter Zwangsherrschaft zu halten. Es kam zu Protesten und Massendemonstrationen auf der Straße und zu Tumulten im Parlament. Die Hetze gegen die Slawen wurde überdeutlich. Mit der deutschnationalen Partei des Georg Schönerer zogen Brutalität und Prügelterror in die Politik ein. Sie vertrat die Idee eines Großdeutschlands unter preußischer und protestantischer Führung. In der Folgezeit wuchsen antidemokratische und antiparlamentarische Tendenzen, während die Nationalitätenprobleme ungelöst blieben.

Bei einem Besuch am 28. Juni 1914 wurden der österreichische Thronfolger Franz Ferdinand und seine Gemahlin Sophie in Sarajewo ermordet. Die daraufhin ausgesprochene Kriegserklärung vom 28. Juli führte in den Ersten Weltkrieg.[7]

> Kriegserklärung vom 28. Juli führte in den Ersten Weltkrieg

---

7   *Lexikon der Geschichte. Personen, Ereignisse, Institutionen.* Hrsg. von Gerhard Taddey. Stuttgart, Kröner: 1983. S. 1095. Stichwort *Sarajewo.*

Der als lokale Auseinandersetzung Österreich-Ungarns mit Serbien am 28. 7. 1914 begonnene Krieg weitete sich durch die deutschen Kriegserklärungen an Russland am 1. 8. 1914, das auf dem Balkan gegen die Krone gerichtete Strömungen (Panslawismus) unterstützte, an Frankreich am 3. 8. 1914, zu dem seit der Jahrhundertwende ein Gegensatz wegen Elsass-Lothringen bestand, zu einem europäischen Krieg und durch das Eintreten Englands mit seinen überseeischen Besitzungen, das sich durch die Flottenaufrüstung Deutschlands bedroht sah, zu einem Weltkrieg aus. Am 5. 9. 1914 schloss sich Italien den Alliierten gegen Versprechungen auf Territorialgewinn (Südtirol, Istrien) im Falle eines Sieges an.

Stefan Zweig, der sich bei Kriegsbeginn in Belgien bei Verhaeren aufhielt, reiste beim völkerrechtswidrigen Überfall Deutschlands auf Belgien überstürzt nach Wien zurück. Von dort verfasste er einen *Offenen Brief an die Freunde in Fremdland*, in dem er zum ersten Mal den nationalen dem europäischen Gedanken voranstellte.

Angesichts von bereits einer Million Kriegstoten im Jahre 1917, hatte Österreich mit dem Gedanken gespielt, einen Sonderfrieden mit den Alliierten zu schließen. Die Bemühungen um einen Verständigungsfrieden scheiterten. Im Gegenteil: Durch Verschärfung des Krieges (U-Boot-Krieg) gegen England wurde am 6. 7. 1917 der Eintritt der Vereinigten Staaten in den Krieg provoziert. Nach und nach brachen die Fronten im Westen und Osten zusammen. Im September wurden Waffenstillstandsverhandlungen eingeleitet. Der amerikanische Präsident Wilson forderte das Selbstbestimmungsrecht der Völker und die Einführung von Demokratien. Karl, der Enkel des 1916 verstorbenen Kaisers, ging ins Exil. Die alte Welt war unwiederbringlich dahin. Zweig formulierte: „Je europäischer ein Mensch in Europa gelebt, um so härter wurde er von der Faust gezüchtigt, die Europa zerschlug."[8]

Der Versailler Frieden zerschlug den Vielvölkerstaat. Übrig blieb die Republik Deutsch-Österreich, ein Staatsgebiet mit 7 Millionen Einwohnern. Man zwang Österreich zur Selbstständigkeit, obwohl es sich lieber entweder wieder mit den alten Nachbarstaaten oder mit dem alten Stammesland Deutschland vereinigt hätte. Eine gemeinsame Regierung von Christdemokraten und Sozialdemokraten sicherte aber wider Erwarten nach dreijährigem Chaos den Fortbestand des Staates, seine Selbstständigkeit und Konsolidierung.

Stefan Zweig kehrte im März 1919 aus der Schweiz in das Haus in Salzburg zurück. Er durchlebte das Chaos des Geldverfalls, den Schwarzhandel und den wirtschaftlichen Ruin. „Ich wäre in Verlegenheit, irgend jemand zu erklären, wie das arme, unselige Österreich damals erhalten geblieben ist. [...] Nie habe ich bei einem Volke und in mir selbst den Willen zum Leben so stark empfunden wie damals, als es um das Letzte ging: um die Existenz, um das Überdauern," schreibt er.[9]

Bis 1933 waren für Stefan Zweig nochmals gute Jahre. Er nahm seine Reisetätigkeit wieder auf, setzte sich in seinen Vortragsreisen für die geistige Einigung Europas ein und lebte im „guten Bewusstsein, ein Jahrzehnt nach eigenem Willen und in innerster Freiheit europäisch gelebt zu haben." Es waren Jahre ungeheurer Produktivität, Flucht in die Arbeit als Ablenkung von den Erfahrungen der Vergangenheit und der Unsicherheit der Zukunft. An seinem 50. Geburtstag im November 1931 formulierte er aus einer ihm selbst unwirklich erscheinenden Zufriedenheit heraus: „So hatte ich an diesem 50. Geburtstag

Vortragsreisen

8 Ebd. S. 255.
9 Ebd. S. 272.

im tiefsten nur den einen frevlerischen Wunsch: etwas möchte geschehen, das mich noch einmal wegrisse von diesen Sicherheiten und Bequemlichkeiten, das mich nötigte, nicht bloß fortzusetzen, sondern wieder anzufangen. [...] Oder war es geheimnisvolle Ahnung, die mich damals ein anderes, ein härteres Leben um der inneren Entfaltung willen begehren ließ?"[10]

Aber schon verfinsterte sich der Himmel über der Welt: Adolf Hitler, als österreichischer Staatsbürger 1889 in Braunau am Inn geboren, war am 15. 1. 1933 an die Spitze eines „nationalen Zusammenschlusses" in der Weimarer Republik in Deutschland berufen. Ab dem 24. März 1933 regierte Hitler nach weiteren Wahlerfolgen mit dem „Ermächtigungsgesetz", durch das ihm die gesamte Staatsgewalt übertragen wurde. Er begann Deutschland zu einem totalitären Staat umzubauen und fing mit dem Beseitigen seiner Gegner an, zunächst durch Parteiverbote der Sozialdemokratischen Partei (SPD) und der Kommunistischen Partei (KPD).

Der Nationalsozialismus in Deutschland verbunden mit dem Schüren von Judenhass und Antisemitismus – dem bei der geistlosen, barbarischen Aktion der öffentlichen Bücherverbrennung am 10. Mai 1933 auch die Bücher Stefan Zweigs zum Opfer fielen – warf lange Schatten. In Österreich schaltete die autoritäre Regierung des Kanzlers Dollfuß im Kampf gegen faschistische Tendenzen das Parlament aus. Gegen diesen Machtmissbrauch lehnte sich der sozialistische republikanische Schutzbund auf. Der Aufstand wurde mit Hilfe von Polizei und Truppen des Bundesheeres blutig niedergeschlagen. Auf der Suche nach Waffenlagern durchstöberte die Polizei auch die Villa des Pazifisten Zweig, der über die Miss-

Bücherverbrennung am 10. Mai 1933

---

10 Ebd. S. 325.

achtung der Privatsphäre und die Willkür der Behörden außer sich geriet und spontan beschloss, das Land für immer zu verlassen. Der Regierung Dollfuß (D. wurde bei einem nationalsozialistischen Putschversuch ermordet) folgte 1934 Kurt von Schuschnigg als Kanzler. Er wurde 1938 von Hitler zu Zugeständnissen gezwungen, die er durch Volksentscheid, der vereitelt wurde, abzuwehren suchte, was ihn zum Rücktritt von seinem Amt bewog. Damit war der Weg frei für die Regierung durch Seiß-Inquart, der dem Einmarsch der deutschen Truppen nach Österreich keinen Widerstand entgegensetzte.

Mit der Annexion Österreichs durch Hitler am 13. März 1938 wurde Zweig im englischen Exil ein Flüchtling. Seine exzellente wirtschaftliche Lage täuschte ihn nicht darüber hinweg. Ein englisches Ersatzpapier anstelle eines Passes wies ihn als „staatenlos" aus. Unmittelbar nach dem Eintritt Englands in den Krieg gegen Hitler-Deutschland schloss er am 6. September 1939 die Ehe mit Lotte Altmann, da ihr als ehemals deutsche Staatsangehörige eine Zwangsinternierung in ein Arbeitslager drohte.

Eine Einladung zu einer Vortragsreise nach Südamerika nahmen sie gern an, **endgültiger Abschied von Europa** ihr endgültiger Abschied von Europa.

Stefan Zweig, Lotte Altmann und Friderike Zweig, die ihm 1940 mit ihren Töchtern nach New York folgte, waren dem Nazi-Terror und den Judenpogromen in Deutschland und in den besetzten Gebieten entkommen. Der Abschied von Europa aber, das Abschneiden der Fäden zur europäischen Kultur, bedeuteten einen entscheidenden Einschnitt in seinem Leben. Noch einmal hatte er sich in Petropolis, nahe Rio de Janeiro, niedergelassen. Seinen neuen Wohnort rühmte er auf Grund seiner landschaftlichen Schönheit. Aber schon eine Zeitungsnotiz, gelesen in Erwartung des Karnevals in Rio im Februar

1942 über den Fall von Singapur und den Marsch deutscher Truppen auf Suez, ließen ihn hastig nach Petropolis zurückkehren. In der Nacht vom 22. zum 23. Februar 1942 schied er zusammen mit seiner Frau Lotte freiwillig aus dem Leben. Der letzte Satz eines seiner Abschiedsbriefe lautet: „Ich grüße alle meine Freunde! Mögen sie die Morgenröte noch sehen nach langer Nacht! Ich, allzu Ungeduldiger, gehe ihnen voraus." [11]

---

11 Prater, Donald A., *Das Leben eines Ungeduldigen*. München und Wien 1981. S. 256 f. Zitiert nach Hartmut Müller, Stefan Zweig. rowohlts monographien, Reinbek 2000, S. 129.

1.3 Erläuterungen zum Werk Stefan Zweigs

Das Werk Stefan Zweigs ist zahlen- und gattungsmäßig außerordentlich umfangreich. Es würde den Rahmen dieser Erläuterung sprengen, wollte man jede Veröffentlichung mit erklärenden und deutenden Worten versehen. Es wird daher auf Einzelwerke zugegriffen, die exemplarisch für eine Gattung stehen. Da Stefan Zweig nach eigener Auffassung

Einzelwerke exemplarisch für eine Gattung

sein Talent als Lyriker nicht hoch einschätzte, wird die Lyrik ausgespart. Hervorgetreten ist Stefan Zweig durch Novellen, Legenden, Dramen (auch Einakter), Trauerspiele und Komödien, Essays, Biografien, Porträts, historische Miniaturen, einem Libretto für den Komponisten Richard Strauß, durch Übersetzungen, Vorträge, Feuilletonbeiträge und Briefe. Er ist ein erzählendes Talent.

1922 erschien im Insel-Verlag eine Novellensammlung mit dem Titel *Die Kette. Ein Novellenkreis. Der erste Ring* enthielt u. a. die Novellen *Erstes Erlebnis* und *Brennendes Geheimnis; Der zweite Ring* u. a. die Novelle *Der Amokläufer.*

Brennendes Geheimnis (1913): Die Popularität der Novelle ist auf das erotische Thema zurückzuführen, in der seriösen Literatur um die Jahrhundertwende noch unüblich. Der Autor nimmt sich der problematischen Entwicklung der jugendlichen Psyche an.

An die Schwelle der Pubertät gelangt, begleitet der zwölfjährige Edgar seine Mutter bei ihrem Kuraufenthalt. Ein junger Baron wählt sich die hübsche Mutter für einen erotischen Urlaubsflirt aus. Edgar spürt die erotischen Spannungen zwischen den beiden Erwachsenen und sucht den offenen Konflikt mit dem Baron. Zum Entsetzen der Mutter reist dieser ab.

Es kommt zu einem heftigen Streit und zum Vertrauensbruch zwischen Mutter und Sohn, weil diese ihre Zuneigung zu dem jungen Mann ableugnet. Edgar reist allein nach Wien zurück. Er löst damit zwar eine heftige Verwirrung aus, ist aber auf Grund der erfolgreichen psychischen Verarbeitung seiner Erfahrungen innerlich so gereift, dass er das *brennende Geheimnis* der Mutter vor dem Vater bewahren kann.

Der Roman *Ungeduld des Herzens* erschien 1938. Er wurde mehrfach verfilmt. Der junge Leutnant Hofmiller trifft bei einer Abendgesellschaft auf die schöne, aber gelähmte Tochter des reichen jüdischen Schlossherrn Kekesfalva. Ohne um ihre Krankheit zu wissen, fordert er sie zum Tanz auf. Seinen Fauxpas erkennend, verlässt er überstürzt das Fest, schickt aber am nächsten Tag zu seiner Entschuldigung der jungen Frau rote Rosen. Sie missdeutet diese Geste als Liebe. Aus Mitleid mit der sensiblen Edith führt er fortan ein Doppelleben zwischen Militär und Teegesellschaften. Aus Schwäche verlobt er sich mit dem leidenschaftlich verliebten Mädchen. Als sie jedoch erfährt, dass Hofmiller das Verlöbnis nach außen feige leugnet, nimmt sie sich das Leben.

Das Romanfragment *Rausch der Verwandlung* erschien postum. 1940 hatte Zweig zusammen mit Berthold Viertel den Text zu einem Filmdrehbuch verarbeitet, 1950 unter dem Titel *Das gestohlene Jahr* realisiert.

Die arme Postassistentin Christine Hoflehner erreicht die Einladung sehr reicher Verwandter in ein Engadiner Luxushotel. Der Aufenthalt verwandelt das Postfräulein in eine mondäne, umschwärmte Frau, die jedoch durch Intrigen in ihre alte Welt zurückgezwungen wird, in der sie auf Ferdinand trifft, der seinerseits gegen die wirtschaftliche Not ankämpft. Da beide glauben, einen Anspruch auf ein besseres Leben zu haben, entwerfen sie den Plan zu einem Postraub. Der unvollendete Roman besticht durch die Konzentration der Motive, Zeitraffung und eindringliche Symbolik.

Konzentration der Motive, Zeitraffung und eindringliche Symbolik

Die fünf historischen Miniaturen *Sternstunden der Menschheit* (1927), stellen die Meisterschaft Zweigs in seinem essayistischen Schaffen unter Beweis. Er wendet sich darin Menschen zu, die durch besondere Taten, allein auf sich gestellt, Weltgeschichte geschrieben haben: Napoleon und Grouchy in der *Weltminute von Waterloo* (18. Juni 1815), Johann August Suter als *Entdecker von Eldorado* (Januar 1823), Kapitän Scott im *Kampf um den Südpol* (16. Januar 1912). Andere Miniaturen gruppieren sich um den schöpferischen Augenblick: Händel komponiert den *Messias,* Goethe verarbeitet seine unglückliche Liebe in den *Marienbader Elegien.* Zweigs Miniaturen sind Momentaufnahmen, Verarbeitung weltgeschichtlicher Ereignisse aus subjektivem Blickwinkel, dramatisch aufgebaut, sprachlich geschliffen und psychologisch motiviert.

Die Welt von Gestern (1940) trägt stark autobiografische Züge und liefert ein Epochenbild, das, im Exil aufgezeichnet, den Verlust der Welt, in der Zweig zu Hause war, schmerzlich nachempfinden lässt. Im Mittelpunkt steht die Welt des Geistes, geprägt von Ästhetizismus, Humanismus und Pazifismus. Das Erinnerungsbuch verdeutlicht dem Leser die Welt, in der sich Stefan Zweig heimisch fühlte.

Das 1917 erschienene Drama *Jeremias* stellt den biblischen Propheten in den Mittelpunkt. Er tritt als Warner gegen den von Zedekia geplanten Krieg gegen Nebukadnezar auf. Doch die Israeliten werfen den lästigen Mahner kurzerhand ins Gefängnis. Der Krieg aber geht verloren. In dieser verzweifelten Situation wird Jeremias zum moralischen Retter, indem er die Überlebenden des Volkes Israel tröstet, die Jerusalem verlassen und in die Fremde ziehen müssen. Das historische Jerusalem ist zwar verloren, aber das geistige zieht mit ihnen.

Das Stück ist eine Parabel, in ihm spiegeln sich die Erfahrungen des Ersten Weltkriegs.

Der begrabene Leuchter (1937) soll hier stellvertretend für eine Reihe von Legenden Zweigs angeführt werden. Die Legende spielt im 6. Jahrhundert n. Chr. Im Mittelpunkt steht der siebenarmige Leuchter Mosis, das Symbol des unsichtbaren Gottes und der jüdischen Gemeinschaft. Er wurde von Titus aus dem Tempel in Jerusalem nach Rom verschleppt. Durch Klugheit und List aber gelingt es dem Juden Benjamin, den Leuchter nach Jerusalem zurückzubringen und an einem versteckten Ort in geheiligter Erde zu vergraben. Dort sieht er der Rückkehr des auserwählten Volkes in die Heimat entgegen. Die Hoffnung auf ein Ende der Heimatlosigkeit aller Juden schwingt unüberhörbar mit.

Hoffnung auf ein Ende der Heimatlosigkeit aller Juden

Fouché, Marie Antoinette, Erasmus. In allen Fällen handelt es sich um die Nachzeichnung historischer Figuren, die in der Geschichte eine beträchtliche Rolle gespielt haben. Dabei geht es Zweig nicht um die nüchterne Darstellung und exakte Wiedergabe historischer Fakten, sondern um das Einfühlen in ihre Lebenszeit. Die sensible Identifikation mit seinen Hauptfiguren während des Schreibprozesses ist eine Stärke Zweigs, die seinen Biografien einen beachtlichen Erfolg sicherte.

Eine Biografie sei beispielhaft angeführt: ***Erasmus von Rotterdam.*** (1934) Mit ihm schafft Zweig das geistige Porträt eines Humanisten, der, obwohl er den Widersinn der Zeit durchschaute, nicht gegen die Weltverbesserer mit seinen Verstandesfähigkeiten antrat. Zweig gab mit dieser Charakteristik des Erasmus eine „verschleierte Selbstdarstellung".[12] Er selbst sah sich ebenfalls als unpolitischen Menschen, der seine Stimme gegen die drohenden Zeichen der Zeit nicht erhob,

---

12 WVG S. 347.

sondern eher entschuldigend und beschönigend für politische Geschehnisse Verständnis zeigte.[13]

Die schweigsame Frau. (1935) Das Libretto zu einer Oper wurde von Richard Strauß bestellt, nachdem Hugo von Hofmannsthal, mit dem er bis dahin zusammengearbeitet hatte, gestorben war. Stefan Zweig griff auf einen Text des englischen Autors Ben Jonson – „The silent woman" – zurück, den er neu gestaltete.

---

13 Klaus Mann hat sich vehement gegen Zweigs Aussage anlässlich des hohen Stimmengewinns der Nazis bei den Reichstagswahlen 1933 gerichtet. Zweig hatte den Sieg der Nazis als „vielleicht unkluge, aber im Innersten natürliche und durchaus bejahende Revolte der Jugend gegen die hohe Politik" bezeichnet. Klaus Mann kritisiert: „Ihre schöne Sympathie für das Jugendliche an sich lässt Sie, fürchte ich, übersehen, *worin diese Revolte besteht.*[...] Radikalismus allein ist noch nichts Positives, und nun gar, wenn es sich so wenig hinreißend, sondern so rowdyhaft und phantasielos manifestiert wie bei unseren Rittern vom Hakenkreuz." K. M., *Der Wendepunkt. Ein Lebensbericht.* Reinbek 1984. S. 251–252.

2. Textanalyse und -interpretation

2.1 Entstehung und Quellen

Die Frage nach der Entstehungsgeschichte von Zweigs *Schachnovelle* wurde in den siebziger und achtziger Jahren von mehreren Autoren[14] erläutert. Bei allen Unterschieden im Einzelnen, wird doch insgesamt eine große Linie deutlich, die hier nachgezeichnet werden soll.

im brasilianischen Exil entstanden Zweigs Meisternovelle ist die einzige Dichtung, die von Anfang bis Ende im brasilianischen Exil entstanden ist. Am Tage des Einzugs in den gemieteten Bungalow an der Peripherie von Petropolis, einer Kleinstadt in der Nähe Rio de Janeiros, seiner letzten Bleibe im Exil am 10. September **1941**, schreibt er an seine erste Frau Friderike in New York:

> *„Petropolis ist ein kleiner Semmering, nur primitiver, so wie Anno 1900 im Salzkammergut, die Hotels und Häuser auf dieser Stufe [...]. Mit dem Bus oder der Bahn ist es eine Stunde und 40 Minuten zur Stadt (Rio). So wird man den heißen Sommer überdauern und wer denkt über März und April hinaus. Ich will dort die Autobiographie (WVG) durcharbeiten und vielleicht etwas Neues beginnen."*

Schon am 29. 9. schreibt er: „[...] habe eine kleine Schachnovelle entworfen, angeregt davon, daß ich mir für die Abgeschiedenheit ein Schachbuch gekauft habe und täglich die Partien großer Meister nachspiele." Zweig gesteht Ernst Feder, dem nach USA ausgewanderten Dichter, Theaterdirektor und Mitarbeiter von Bertolt Brecht am 28. 10. brieflich, er habe

---

14 Jeffrey B. Berlin (1982), Donald G. Daviau und Harvey J. Dunkle (1973), Ingrid Schwamborn (1984). Die von diesen Autoren verwendete Literatur ist im Literaturverzeichnis aufgeführt.

nicht viel gearbeitet, nur „eine kuriose Novelle, eine Schachnovelle mit einer eingebauten Philosophie des Schachs"[15] entworfen. Feder, der in Rio wohnte und Kontakt mit den Zweigs
pflegte, – er spielte mit Stefan Zweig gelegentlich Schach, –
berichtet über die Partien mit Zweig, er habe oft Mühe ge-
habt, diesen gelegentlich eine Partie gewinnen zu lassen.
Zweig war also eher ein schlechter
Schachspieler. Um den 8. Januar 1942

> Zweig ein schlechter Schachspieler

herum schickte Stefan Zweig die fertige *Schachnovelle* an Feder mit einem kleinen Briefchen, in dem er ihn aufforderte,
„rückhaltlos" als doppelter Fachmann in literarischen wie in
Schach-Dingen, seine Einwände zu sagen.

An Hermann Kesten schrieb er am 15. Januar 1942, dass er
eine Novelle in seinem beliebt-unglücklichen Format geschrieben habe, „zu groß für eine Zeitung und ein Magazin, zu klein
für ein Buch, zu abstrakt für das große Publikum, zu abseitig
in seinem Thema."[16] Dennoch lag ihm offenkundig sehr viel
an diesem Text, denn er vergleicht sich mit den „Müttern", die
„ihre schwächlichen, andererseits begabten Kinder am zärt-
lichsten ans Herz drücken."[17] Das geht auch aus seiner Korres-
pondenz mit Ben Hübsch, seinem amerikanischen Verleger
hervor, dem Zweig einen ersten Entwurf zur Beurteilung geschickt hatte. Ihm gegenüber äußert er den Wunsch, die
Schachnovelle in einer „edition de luxe", einer limitierten Lu-
xusausgabe, gedruckt zu wissen. Der Gegenstand, das Schachspiel (chessboard), würde zum erstenmal literarisch behandelt, es gäbe eine Reihe von Schachliebhabern und Sammlern
von Bücher über Schach, deshalb habe eine limitierte Auflage
gute Chancen. Die Hauptsache sei jedoch, dass er die kurze

---

15 Zitiert nach Schwamborn, *Zweig, Briefe an die Freunde.* Ebd. S. 411.
16 Hermann Kesten (Hg.), *Deutsche Literatur im Exil*: Briefe deutscher Autoren 1933–1949. Wien
    1964. Zitiert nach Schwamborn, Ebd. S. 411.
17 Ebd. S. 412.

Geschichte zu einem Ende brächte, es sei ihm ein wahres Vergnügen, sich auf Neuland zu bewegen und das Schachspiel ins Dramatische zu überführen.[18]

drei von Lotte Zweig getippte Typoskripte

Bevor Zweig am 22. Februar 1942 mit seiner Frau Lotte freiwillig aus dem Leben schied, hatte er tags zuvor die Schachnovelle in drei von Lotte Zweig getippten Typoskripten in Petropolis auf die Post gegeben. Sie waren adressiert an seine drei Verleger: Ben Hübsch in New York, Bermann-Fischer in Stockholm und Alfredo Cahn in Buenos Aires. Zweig stellte Hübsch frei, die Novelle doch in Zeitungen oder in Buchform herauszubringen und übertrug ihm sämtliche Veröffentlichungsrechte.

Was aber macht den Erfolg dieser Novelle aus? Stefan Zweig selbst hatte sie ja als „zu abstrakt für das große Publikum" beurteilt.

Ingrid Schwamborn[19] versucht den Beweis zu führen, dass Zweig in der Gestalt des Dr. B. seine eigene, persönlich so empfundene Lage eingefangen hat, in der er sich seit seiner Übersiedlung nach Petropolis befand. In Brasilien hatte Stefan Zweig bei seinem ersten Besuch 1936, bei dem er wie ein Staatsgast empfangen worden war, das Land der großen Entwicklungsmöglichkeiten und ein irdisches Paradies gesehen. Damals hatte er in einem Regierungsauto mit Chauffeur einen Ausflug von Rio in die Berge gemacht, und die kühle Gebirgsstadt Petropolis war ihm erschienen wie ein österreichisches „Kurörtchen". Es wirkte auf ihn „anmutig provinzial, man denkt an verschollene Romane, die in deutschen Duodezherzogtümern spielen, ein Land für mich, in dem ich

---

18 Jeffrey B. Berlin, *Stefan Zweig and his American Publisher*: Notes on an Unpublished Correspondence, with reference to *Schachnovelle* and *Die Welt von Gestern*. S. 268.
19 Ebd. S. 504 ff.

noch Jahre bleiben möchte."[20] So seine Beurteilung gegenüber Freunden.

1942 jedoch war alles ganz anders. Er war als jüdischer Exilant gekommen, ohne Absicht und Aussicht, das Land vorläufig wieder verlassen zu können. Der Krieg weitete sich allmählich aus zu einem echten Weltkrieg. „Das Verbrechen dieses einen Menschen Hitler (hat) das Leben von Hunderttausenden und Millionen nun schon seit Jahren verstört..." (28. 12. 41 an Friderike). Zwar war ihm ein Bleiberecht zugesichert, aber auch in Brasilien hatte sich inzwischen der Antisemitismus zusammen mit einem übersteigerten Nationalismus ausgebreitet. Deutsch und Italienisch durften weder gesprochen, noch durfte gedrucktes Material in diesen Sprachen mitgeführt werden. Stefan Zweig ging dazu über, selbst seine Briefe an Friderike in englischer Sprache abzufassen. Er empfand sich inzwischen in doppelter Ver-

Zweig in doppelter Verbannung

bannung: ohne Chance, in die österreichische Heimat zurückzukehren, lieferte er nach eigener Einschätzung als muttersprachlich Deutscher mit seinen schriftstellerischen Arbeiten nur noch Übersetzungsvorlagen. Petropolis war ihm zum Ort der Einsamkeit geworden. Dies vollzog sich an einem Menschen, für den Öffentlichkeit und Freundschaften lebensnotwendig waren, wie sein Lebensweg beweist. Nun lebte er von der Öffentlichkeit abgeschnitten. Auch angekündigte Besuche fielen oft auf Grund unvorhergesehener, äußerer Schwierigkeiten aus, – jeder hat mit sich selbst genug zu tun. – Zweig wird zum Einsiedler und seine depressive Veranlagung bricht erneut aus. Am 4. 2. 1942 gesteht er Friderike:

---

20 Ebd. S. 410.

> *„Was wir vermissen, ist die Aussprache mit Leuten von unserem Niveau. Die meisten Leute, denen wir begegnen, verstehen nicht was vorgeht und kommen wird, sie glauben, der künftige Friede werde einfach eine Fortsetzung der Friedenszeit sein; man muß gewisse Dinge erlebt haben, um sie zu verstehen, und Europa steht ihnen geistig so fern wie uns China in diesen letzten schrecklichen Zeiten."*[21]

Abgeschnittensein von Bibliotheken und Büchern

Das Abgeschnittensein von Bibliotheken und Büchern empfand Zweig darüber hinaus als unerträglich. Statt „Trösteinsamkeit" und „Arbeitsruhe" gestaltete sich Petropolis zum Gefängnis. Die Lebensweise dort stieß ihn in einen Zustand der Melancholie und Depressionen, gespiegelt in Dr. B. und seiner Isolationshaft im Hotelzimmer in der *Schachnovelle.*

> *„Zweig, der selbst nie eingesperrt, nie gefoltert wurde und nie diese vollständige Isolierung tatsächlich erfahren hat, beschreibt sie doch so wie jemand, der dies am eigenen Leibe erlebt hat; seine eigene Erfahrung des Abgesondertseins, der Einsamkeit hat er so intensiviert, dass er zum Sprachrohr derer wurde, die dies erlebten und nicht mehr darstellen konnten."*[22]

In seinem Abschiedsbrief an Friderike am 22. Februar finden sich die Worte: „ – ich litt soviel, daß ich mich nicht mehr konzentrieren konnte."[23]

---

21 Stefan Zweig, Friderike Zweig, *Briefwechsel.* S. 355.
22 Ingrid Schwamborn, ebd. S. 418.
23 Stefan Zweig, Friderike Zweig, *Briefwechsel.* S. 357.

2.2 Inhaltsangabe

Die Handlung setzt kurz vor dem Ablegen des **Passagier-dampfers** von New York nach Buenos Aires/Brasilien an Bord des Schiffes ein. Der **Ich-Erzähler** befindet sich mit anderen Reisenden an Deck und beobachtet zusammen mit seinem Freund die Hektik des Aufbruchs, unter anderem aufleuchtende Blitzlichter, die irgend einem Prominenten an Bord gelten. Hier erfährt der Ich-Erzähler von seinem besser informierten Begleiter, dass die Aufmerksamkeit der Reporter dem amtierenden Schachweltmeister Mirko Czentovic gilt. Er ist zur Fortsetzung seiner Schacherfolge auf dem

> amtierender Schachweltmeister
> Mirko Czentovic

Weg nach Argentinien. Der Freund, ein aufmerksamer Zeitungsleser, kennt die Lebensgeschichte Czentovics, die er, durch eine Reihe von Anekdoten ergänzt, dem Ich-Erzähler schildert:

Mirko Czentovic ist vor etwa einem Jahr mit einem Schlage zu Weltruhm gelangt, als er unerwartet die bekannten Schachmeister besiegt und die Spitze des Meisterfeldes übernommen hat. Das Aufsehen seines Aufstiegs ist umso größer, als es sich bei ihm um einen völlig Unbekannten handelt, dessen intellektuelle Fähigkeiten auf anderen Gebieten als äußerst eingeschränkt gelten. Seine Unbildung ist offenbar sprichwörtlich. Man sagt ihm nach, nicht fähig zu sein, auch nur einen Satz in irgendeiner Sprache orthografisch richtig zu schreiben.

Als Sohn eines mittellosen südslawischen Donauschiffers, der bei einem Schiffsunfall ums Leben gekommen ist, wird der damals Zwölfjährige vom Pfarrer eines abgelegenen Banater Dorfs aufgenommen. Dieser ermöglicht ihm den Schulbesuch und darüber hinaus auch Nachhilfeunterricht, aber alle Be-

mühungen, ihm mehr als lückenhafte Grundfertigkeiten bei-
zubringen, scheitern an seiner eingeschränkten, dumpfen,
maulfaulen Begabungslosigkeit. Bereitwillig besorgt er die ihm
aufgetragenen praktischen Dienste, aber intellektuelle An-
strengungen scheut er und zeigt völlige Teilnahmslosigkeit an
geistigen Dingen. Selbst die drei Schachpartien, die allabend-
lich zwischen dem Pfarrer und dem Gendarmeriewacht-
meister im Pfarrhaus gespielt werden, bei denen der Junge
regelmäßig anwesend ist, scheinen ihn nicht aus seiner Gleich-
gültig- und Schläfrigkeit herauszulocken.

Doch als eines Abends der Pfarrer die Partie unterbrechen
muss, weil er zu einem Sterbenden gerufen wird, und der
Gendarm, zum Gehen gewendet, den Jungen scherzhaft fragt,
ob er die Partie zu Ende spielen wolle, stimmt der Junge zu
und setzt den Gendarm zu dessen Überraschung nach vierzehn Zügen matt.

Der zurückgekehrte Pfarrer, der dies Ereignis für ein Wunder
hält, fordert Czentovic noch am gleichen Abend zu einer weiteren Partie heraus und verliert ebenfalls. Die fortwährenden
Niederlagen seiner Gegner setzen sich in den nächsten Tagen
ununterbrochen fort. Neugierig geworden, entschließt sich der
Pfarrer deshalb, den Burschen Schachspielern der Nachbarstadt

einseitige, sonderbare Begabung | zuzuführen, um dessen einseitige, son-
derbare Begabung testen zu lassen.

Nach einer verlorenen und einer unentschieden gespielten
Partie ist er selbst in simultan gespielten Partien unschlagbar,
so dass man sich entschließt, dem Wunderknaben eine Ausbildung in der Schachkunst bei einem Meister in Wien angedei-
hen zu lassen, die von dem ansässigen Grafen Simczic, einem
Schachfanatiker, bezahlt wird.

Nach einem halben Jahr der Ausbildung beherrscht Czentovic
die Schachtechniken vollkommen, nur ist er zu keinem Zeit-

punkt in der Lage, eine Partie blind zu spielen. Die Fähigkeit, in einem nur vorgestellten Raum zu agieren, erwirbt er nicht. Er braucht stets die konkrete Anschauung, weshalb er in der Folgezeit immer ein zusammenlegbares Spielfeld und Figuren mit sich führt, um Schachprobleme für sich zu lösen. Mit siebzehn Jahren hat er es zum ungarischen Meister und mit zwanzig zum Weltmeister gebracht.

In der Öffentlichkeit zeigt er sich scheu und verschlossen, allem, was ihn als intellektuellen Outsider hätte entlarven können, geht er aus dem Weg. Er wird deshalb Gegenstand vieler Anekdoten, die ihn zu einer grotesken und komischen Figur stempeln.

Seine Begabung aber weiß er geschickt zu vermarkten. Er spielt wahllos mit allen ihm entgegentretenden Partnern, wenn nur das Honorar stimmt. So ist er bereits zu einem erklecklichen Vermögen gelangt, was ihn stolz macht. Aus Mangel an Übersicht und Bildung hält er sich für den wichtigsten Mann der Welt, wenig verwunderlich sei es, so der Freund, dass ein einundzwanzigjähriger Bauernbursche aus dem Banat den Eitelkeitkoller bekomme, wenn er mit ein bisschen Herumschieben der Holzfiguren auf dem Schachbrett in einer Woche mehr verdienen könne, als ein ganzes Holzfällerdorf während eines ganzen Jahres.

Nun ist der Ich-Erzähler neugierig geworden. Er möchte Czentovic näher kennen lernen und seine wunderliche Psyche studieren, aber jeder Versuch, sich ihm auf gewöhnliche Weise zu nähern, scheitert.

Deshalb entschließt sich der Ich-Erzähler zu einer List: Um Czentovic und mögliche andere Schachliebhaber der Schiffspassage anzulocken, entschließt er sich, im Rauchsalon des Schiffes mit seiner Frau öffentlich Schach zu spie-

> Absicht, andere Schachliebhaber
> zu finden, erfüllt sich

len. Seine Absicht, andere Schachliebhaber zu finden, erfüllt sich. Besonders ein Passagier, der schottische Tiefbauingenieur **McConnor**, der bei Ölbohrungen in Kalifornien ein Vermögen gemacht hat, findet sich ein und fordert den Ich-Erzähler zu einer Partie heraus. Er verliert die erste Partie, was ihm wie eine persönliche Niederlage und Herabsetzung seines eigenen Persönlichkeitsbewusstseins vorkommt. Deshalb wird er nicht müde, immer wieder neue Spiele als Revanche für verlorene zu fordern, so dass das Spiel permanente Fortsetzung findet. Der dritte Tag endlich führt auch Czentovic an das Schachbrett. Nach kurzem, prüfendem Blick wendet er sich jedoch ab, da er offenbar den Dilettantismus der Spieler erkannt hat. Sein Auftauchen aber hat durch den Hinweis des Ich-Erzählers auf die flüchtige Anwesenheit des Schachweltmeisters eine außergewöhnliche Reaktion McConnors zur Folge. Dieser setzt sich in den Kopf, gegen Czentovic anzutreten. Eine diesbezügliche Bitte gegenüber Czentovic geäußert, erweist sich insofern von Erfolg gekrönt, als McConnor ihm für das Spiel ein Honorar von zweihundertfünfzig Dollar anbietet. Die Partie, zu der alle schachinteressierten Passagiere eingeladen werden, wird auf den nächsten Nachmittag im Rauchsalon angesetzt.

Bewusst verspätet erscheint der Weltmeister tags darauf zum Spiel. Folgende Modalitäten werden in der Schachrunde getroffen: Czentovic spielt allein gegen die anwesenden Schachkenner. Er selbst zieht sich unmittelbar nach jedem Zug in eine Ecke des Salons zurück. Die andere Partei berät ungestört den Gegenzug innerhalb eines Zeitlimits von zehn Minuten. Das Spiel, das vom Weltmeister mit unmenschlicher Automatik und Ignoranz gegenüber den Gegnern durchgeführt wird, geht für die Gegenspieler verloren. McConnor aber fordert

flüchtige Anwesenheit des Schachweltmeisters

Revanche, die Czentovic auf Grund des Dollargeschäfts gewährt.

Die folgende Partie lockt noch ein paar Neugierige mehr an, ansonsten aber bietet sich das gleiche Bild der Überlegenheit des Weltmeisters. Beim siebenunddreißigsten Zug jedoch scheint es überraschenderweise so, als habe sich die Konstellation auf dem Schachbrett für die Gruppe vorteilhaft gestaltet. Ein Zug, mit dem ein Bauer ins gegnerische Feld gebracht werden kann, verspricht den Gewinn einer neuen Dame. Doch als nach allgemeiner Zustimmung McConnor zu dessen Ausführung ansetzt, wird er von einem Herrn massiv zurückgehalten, der ihm bedeutet, dass er mit diesem Zug nach neun bis zehn Zügen matt gesetzt sein würde.

Von diesem Augenblick an überlässt sich McConnor der Beratung des Neuhinzugekommenen, den er für seine

> Beratung durch den Neuhinzugekommenen

Weitsicht im Schachspiel bewundert und der Czentovic soweit in Verlegenheit bringt, dass dieser am Schachbrett Platz nehmen muss, um das Spiel überlegt fortzusetzen. Nach sieben weiteren Zügen wird die Partie in der Tat mit einem Remis beendet.

Scheinbar gleichmütig bietet Czentovic mit Blick auf den fremden „Retter" eine dritte Partie an, die McConnor ohne zu zögern, im Vorgriff auf die Zustimmung des Fremden angenommen hat, den er zum alleinigen Gegner des Weltmeisters zu machen gedenkt. Der Fremde aber schreckt zurück. Er entschuldigt sich für seine Einmischung ins Spiel, behauptet, seit fünfundzwanzig Jahren keine Schachfigur mehr angerührt zu haben, und verlässt den Raum. Czentovic' Angebot eines neuerlichen Spiels bleibt jedoch für den nächsten Nachmittag bestehen. Er beurteilt noch das Spiel des Fremden als „etwas befremdlich und interessant" (44), um das eigene Versagen zu verschleiern. Diese Haltung aber fordert die Kampfeslust der Gegner heraus, die die Partie unbedingt durchführen wollen. Alles soll darangesetzt werden, den unbekannten Helfer, der wie der Ich-Erzähler Österreicher ist, als alleinigen Gegner Czentovics zu gewinnen. Diese Aufgabe fällt dem Ich-Erzähler zu.

Kurz darauf schon findet er den Entflohenen auf dem Deck. In dem nun folgenden Gespräch stellt dieser sich ihm als **Dr. B.** vor, und der **Ich-Erzähler** kann ihn sogleich in eine der ersten Familien des österreichischen Kaiserreichs einordnen. Dr.

Dr. B. erzählt die Geschichte seiner jüngsten Vergangenheit

B. erzählt ihm daraufhin ausführlich die Geschichte seiner jüngsten Vergangenheit:

Als Leiter einer Wiener Anwaltspraxis hat er vermögende Klöster und Mitglieder der kaiserlichen Familie in Vermögensdingen beraten, eine Dienstleistung, die absolutes Vertrauen und Diskretion voraussetzt. Mit dem drohenden Anschluss Österreichs an Hitler-Deutschland und der Infiltration der Nazi-Herrschaft wird diese Tätigkeit jedoch insofern lebensgefährlich, als die Nazis versuchen, die Vermögensverhältnisse seiner Klienten auszuforschen, um sich selbst in den Besitz der Vermögen zu bringen. Von ihm selbst nicht entdeckt, hat man ihm von kirchlicher Seite einen Kanzlisten zur Mitarbeit empfohlen, der sich später als Spion entpuppt. Zwar hat Dr. B. diesem Mitarbeiter gegenüber alle Vorsicht walten lassen, doch war er sich im Letzten nicht sicher, ob diesem nicht doch wertvolle Informationen bekannt geworden waren. Am Abend des Rücktritts des österreichischen Bundeskanzlers Schuschnigg, dem Vorabend vor dem Einzug der Hitlertruppen in Wien, wird Dr. B. von der Gestapo verhaftet. Zwar ist es ihm noch vorher gelungen, wichtige Akten zu verbrennen und andere durch seine Haushälterin in einem Waschkorb versteckt aus dem Haus zu schaffen, doch wird er nun in eine Isolierzelle des Hotels Metropole, dem Hauptquartier der Gestapo gebracht, um ihm wichtige Geheimnisse abzupressen. Dort wird er über Monate dem völligen Nichts ausgesetzt. Sein Geist kann sich an nichts anderem festmachen, als an den immer gleichen Gegenständen der eintönigen Umgebung des Zimmers. Es umgibt ihn eine zeit- und raumlose Leere. Nach vierzehn Tagen beginnen endlich die Verhöre. Zunächst kann er den Fangfragen noch mit großer Aufmerksamkeit begegnen, es bleibt ihm aber verborgen, wie viel die Gestapo von den Vorgängen in seiner Kanzlei wirklich weiß.

Die Verhöre belasten ihn ebenso wie die Rückkehr in die Isolation des Zimmers, in dem er selbst die Marter des Fragens und Rekonstruierens seiner Antworten zwischen den Verhören fortsetzt. Sein Gehirn gerät allmählich in Unordnung. In der ihn umgebenden Leere verliert er jegliche Konzentrationsfähigkeit. Nach Monaten ist er drauf und dran, sein Wissen preiszugeben. Da entdeckt er, auf ein Verhör im Vorzimmer des Untersuchungsrichters wartend, in einer fremden Manteltasche die Umrisse eines Buchs, das er unter großen Gefahren, aber durch ein geschicktes Manöver, an sich bringt, in der Hoffnung, seinem Geist in der Hotelzelle Nahrung und Entspannung bieten zu können. Doch stellt sich **das Buch** für ihn zunächst als große Enttäuschung heraus. Es enthält keine einzige gedruckte Zeile, sondern ist eine Sammlung von hundertfünfzig Meisterpartien im Schachspiel. Es ist ihm jedoch zunächst nicht möglich, sie zu entschlüsseln.

Doch gelingt ihm nach und nach der Aufschluss. Nach sechs Tagen kann er mit Hilfe primitiver Nachbildung eines Schachbretts, – der karierte Bettbezug und Figuren aus Brotresten dienen hierzu, – eine Meisterpartie tadellos nachspielen, nach acht Tagen gelingt ihm dies ohne Vergegenständlichung, nach

Geistesbeschäftigung entreißt
ihn der geistigen Monotonie

vierzehn Tagen ist er in der Lage, jede Partie blind nachzuspielen. Diese Geistesbeschäftigung entreißt ihn der geistigen Monotonie, erfrischt ihn und schärft seine Beweglichkeit und Spannkraft. Zweieinhalb bis drei Monate hält diese Entspannung an, dann aber gibt es im Nachspiel keine Überraschungen, keine Probleme mehr, die alte Monotonie droht zurückzukommen.

In dieser Situation verfällt Dr. B. auf das Schachspiel gegen sich selbst. Er gerät dadurch in die Gefahr einer Bewusstseinsspaltung, indem er als Spieler und Gegenspieler zugleich die Züge des einen wie des andern vorausberechnet, sich als Schwarz und Weiß zugleich zu überlisten und zu schlagen versucht, in einer Person immer Gewinner und Verlierer sein muss. Dieser Widersinn, von ihm bis zum Exzess, Tag und Nacht bis in den Traum hinein betrieben, entzieht ihm den Boden unter den Füßen. Sein irres Spiel stößt ihn in ein Fieber, eine „Schachvergiftung", aus der er – für ihn selbst zunächst unerklärlich – im Bett eines Krankenhauses mit verbundener Hand aufwacht. Der Arzt klärt ihn über die Geschehnisse in der Isolationshaft auf:

Sein irres Spiel stößt ihn in ein Fieber

Dr. B. hat sich im Zustand seiner ständigen, pathologischen Schachüberreizung auf dem Höhepunkt seiner geistigen Krise auf den durch sein Geschrei herbeigeeilten Zellenaufseher gestürzt, ihn als Feigling und Schuft tituliert und mit tätlichem Nachdruck aufgefordert zu „ziehen". Auf dem Weg zur ärztlichen Untersuchung hat er im Gang die Fensterscheibe eingeschlagen und sich dabei eine tiefe Schnittwunde an der Hand zugezogen. Mit der Diagnose „Gehirnfieber" ist er ins Krankenhaus eingeliefert worden, in dem er nun zu sich gekommen ist. Die Krankheit ist überstanden, der Arzt aber hat seinen Bericht so verfasst, dass Dr. B. aus der Haft entlassen wird mit der Auflage, Österreich innerhalb von vierzehn Tagen zu verlassen.

Nun, nach Beendigung seines Lebensberichts, erklärt sich Dr. B. zu der Schachpartie gegen Czentovic bereit, um **ein einziges Mal** zu erproben, ob er wirklich in der Lage ist, ein reales anstelle eines nur vorgestellten Spiels zu bestreiten. [...] „sie soll ein Schlussstrich unter eine alte Rechnung sein, – eine endgültige Erledigung und nicht ein neuer Anfang..." (95).

> Dr. B. – Schachpartie gegen Czentovic

Pünktlich zur verabredeten Zeit findet die Partie zwischen Czentovic und Dr. B. statt. Sie gestaltet sich von vornherein als quälend für Dr. B. und die Zuschauer, weil Czentovic endlose Überlegungspausen einschaltet, während Dr. B. kurz entschlossen Zug um Zug macht. Auf Grund des gegnerischen Verhaltens gerät er aber sichtlich in immer größere nervliche Anspannung und Hektik. Schließlich rennt er zwischen den Zügen in den Abmessungen seines Isolationszimmers unaufhörlich auf und ab. Nach zweidreiviertel Stunden endlich, niemandem gelingt mehr die rechte Aufmerksamkeit, nach dem zweiundvierzigsten Zuge, zwingt Dr. B. den Weltmeister zur Aufgabe, bevor dieser sich matt setzen lässt.

> Dr. B. bezwingt den Weltmeister

Die daraufhin unmittelbar angebotene Revanchepartie von Czentovic nimmt Dr. B. ohne Zögern an.

Den Ich-Erzähler befällt dabei ein großes Unbehagen, denn er beobachtet, dass das Spiel zu einem leidenschaftlichen und gefährlichen Kampf zweier Kontrahenten gerät, bei dem Czentovic durch seine Taktik des Verzögerns und seine schwerfällige, geistige Langsamkeit Dr. B. in eine unkontrollierbare nervliche Anspannung bringt, die in einer Krise endet, in der Dr. B. beim neunzehnten Zug seinen Läufer drei Felder vorstößt und völlig ungerechtfertigt „Schach dem König!" (108) bietet. Den sich ankündigenden Zusammenbruch Dr. B.'s kann der Ich-Erzähler durch geistesgegenwärtiges Eingreifen gerade noch abwenden. Er kneift Dr. B. hart in den Arm, fährt ihm über die blutrot verfärbte Narbe seiner Hand und sagt „Remember!" (109) Unverhohlen fordert er ihn zum Abbruch der Partie auf und ruft Dr. B. so in die Gegenwart der Schiffsüberfahrt zurück. Dieser entschuldigt sich für das Geschehene und verlässt den Raum.

Abbruch der Revanche-Partie

McConnor macht seiner Enttäuschung lautstark Luft und Czentovic bedauert den Abbruch des Kampfes mit den Worten: „Schade... Der Angriff war gar nicht so übel disponiert. Für einen Dilettanten ist dieser Herr eigentlich ungewöhnlich begabt." (110)

2.3 Aufbau

2.3.1 Zeitstufen

Schematische Darstellung:

Gegenwart	Einleitende Darstellung vor Ablegen des Schiffes
Rückblende	Lebensgeschichte Czentovics, durch einen Erzähler vermittelt
Gegenwart	Schachspiel zwischen Ich-Erzähler und dem Schotten McConnor
Rückblende	Lebensgeschichte Dr. B.'s, von ihm selbst erzählt
Gegenwart	Schachduell zwischen Czentovic und Dr. B.

2.3.2 Kommentar

Die von Zweig erzählte Zeit ist eng umrissen. Die Novelle setzt ein in der **Erzählgegenwart**, unmittelbar vor Ablegen des Schiffs von New York nach Buenos Aires. Nach wenigen Zeilen, in denen die Stimmung vor der Abfahrt eingefangen wird, wird zum ersten Mal **zurück-geblendet**, um den **Lebenslauf** des amtierenden Schachweltmeisters **Mirko Czentovics**, des prominentesten Passagiers an Bord, nachzuzeichnen. Erzähler der Lebensgeschichte ist der Freund des

Rückblende: Lebenslauf Mirko Czentovics

Ich-Erzählers. Gleich zu Beginn wird daher das Augenmerk auf eine der Hauptpersonen gerichtet, denen Erzählhandlung und Erzählziel gelten. Innerhalb dieser ersten Rückblende wird sukzessiv, d. h. der Reihe nach, anekdotenhaft gerafft, im Erzählerbericht episch erzählt. Knapp ein Viertel des Gesamtumfangs entfällt auf die **Vorstellung der ersten Hauptperson**.

Aus der Rückblende wird die Erzählung in die **Erzählgegenwart** überführt. Es geht darum, einen Weg zu finden, Mirko Czentovic in den geplanten Erzählverlauf zu integrieren. An dieser Stelle gewinnt das **Schachspiel** erstmals **zentrale Bedeutung**. Die neu eingeführten Personen, der Schotte McConnor und etwas später Dr. B. sind insofern mit dem Schachspiel eng verbunden, als es in ihrem Bewusstsein eine Rolle spielt. McConnor ist Liebhaber und selbstbewusst ehrgeiziger Spieler, am liebsten Gewinner, Dr. B. ist durch sein Schicksal mit dem Schachspiel verflochten.

Konsequent wendet sich die Erzählung nun den Ereignissen im Leben Dr. B.'s zu, die ihn schicksalhaft mit dem Schachspiel verbanden. Wieder handelt es sich um eine **Rückblende**, allerdings mit dem Unterschied,

Rückblende in Dr. B.'s Leben

dass **Dr. B.** dem Ich-Erzähler **selbst** den schicksalhaften Lebensabschnitt episch darlegt. Die Rückblende Dr. B.' s umfasst knapp die Hälfte des Erzählganzen. Sie ist, abgesehen vom Erzähleinsatz, wo die Gesprächseröffnung noch indirekt durch den Ich-Erzähler wiedergegeben wird und von ihrem Ende, wo wenige Sätze des Ich-Erzählers an Dr. B. gerichtet werden, **monologisch** erzählt. Da Dr. B. selbst berichtet, handelt es sich um authentisches Erzählen; das Erzählte ist nicht vermittelt und nicht anekdotenhaft durchsetzt wie im Fall Czentovics. Mit Dr. B. ist die **zweite Hauptperson** eingeführt, und am Ende der Erzählung wird die Handlung in die Gegenwart zurückgeführt, indem Dr. B. der Schachpartie mit dem Weltmeister zustimmt. Sie endet, dramatisch zugespitzt, im szenischen Spiel, mit dem Duell der Kontrahenten und seinem überraschenden Ausgang in der Erzählgegenwart, in der die epische Distanz aufgegeben ist. Der letzte Satz wird von Czentovic **gesprochen**.

2.3.3 Zur Gattung

Mit der *Schachnovelle* hat Stefan Zweig eine klassische Novelle geschrieben, die nahezu alle **Gattungsmerkmale** schulgerecht erfüllt.

Die seit Boccaccio und Goethe klassisch gewordene Form weist in der Regel einen **Rahmen** auf, der auf zweierlei Weise erfüllt werden kann: Entweder handelt es sich um einen **Novellenkranz**, was bedeutet, dass eine Reihe von Novellen nacheinan-

Novellenkranz

der in einer bestimmten, unveränderten Situation (Boccaccio, *Decamerone*: Flucht vor der Pest, Goethe, *Unterhaltungen deutscher Ausgewanderten*: Flucht vor den heranrückenden Revolutionstruppen) erzählt werden, oder um eine **Rahmung**, bei der das Ende der Novelle konsequent in die Anfangssituation zurückgeführt wird. (Storm: *Immensee*)

Die Schachnovelle verzichtet auf den Rahmen. Statt dessen konzentriert sich die gesamte Handlung auf einen äußerst eingeschränkten Handlungs- und Bewegungsraum. Da sich die Personen während der gesamten Erzählzeit auf einem Schiff befinden, bewegen sie sich nicht selbst voran, sondern werden bewegt. Die Schiffsreise kann daher symbolhaft für das Leben der Figuren stehen, das nicht selbst- sondern fremdbestimmt abläuft.

unerhörte Begebenheit

Schulmäßige Beachtung schenkt Zweig der **unerhörten Begebenheit,** dem zentralen Merkmal novellistischen Erzählens. Von Anfang an läuft die Handlung auf die beiden **Schachpartien** zwischen Czentovic und Dr. B. zu. Darum werden die beiden Hauptfiguren zielgerichtet vorgestellt. Zwischen der Ankündigung und der Durchführung des Schachspiels wird mit der Erzählung Dr. B.'s ein retardierendes Moment eingeschoben. Es bereitet den Leser auf zwei unterschiedliche Möglichkeiten des Endes der Handlung vor.

In der Realisierung beider Möglichkeiten liegt die unerhörte Überraschung. Zunächst besiegt Dr. B. den Weltmeister, doch

Wendepunkt

leitet der Sieg den **Wendepunkt** ein – ein weiteres häufig realisiertes Novellenmerkmal –, weil Dr. B., entgegen seiner Ankündigung, einer Revanche zustimmt. In dieser Partie, die von Aggressionen und Hass bestimmt ist, entgeht Dr. B. in letzter Minute durch Aufgabe des Spiels seinem völligen nervlichen Zusammenbruch. **Unerhörte Begebenheit** und Finale fallen zusammen.

Klassisch im Sinne novellistischen Erzählens ist die Verwendung von **Leit- oder Dingsymbolen.** Das Schachbrett mit seinen 64 Feldern bildet den begrenzten Lebensraum des Menschen ab. Auf ihm agiert das Ensemble der Figuren in den durch Regeln begrenzten Möglichkeiten. Nur im Rahmen der vorgegebenen Regeln ist freies Agieren durch phantasievolles Kombinieren möglich. Das Schachspiel spiegelt unterschiedliche Lebenskonzepte: Das phantasievolle, kreative, geistig agile Handeln von Dr. B. trifft auf den geistlosen Schachautomaten Czentovic. In diesem Kampf unterliegt der humane Geist dem seelenlosen Funktionär.

Solche Personenkonstellation folgt den Grundprinzipien des Novellenpersonals[24]. In seiner Autobiografie *Die Welt von Gestern* spricht Stefan Zweig „einen gewissen persönlichen Zug meiner inneren Einstellung an, die unweigerlich nie die Partei der sogenannten ‚Helden' nimmt, sondern Tragik immer nur im Besiegten sieht. In meinen Novellen ist es immer der dem Schicksal Unterliegende, der mich anzieht, [...]"[25] Angesichts dieser Auffassung ist Dr. B. die zentrale Figur. Doch der phantasiebegabte, human denkende Geist unterliegt dem Automatismus einer funktionierenden Maschinerie im Schachspiel ebenso wie im Leben. Dies ist die zum Symbol verdichtete unerhörte Begebenheit, Spiegel der sich zwanghaft ereignenden Tragik von Zweigs Vertreibung aus der Welt des Geistes durch die Brutalität und Barbarei der Naziherrschaft und des durch sie angezettelten Zweiten Weltkriegs.

Insofern charakterisiert Zweig seine Novelle gegenüber Berthold Viertel am 28. 10. 1941, wenn er schreibt: „[...] eine kuriose Novelle, eine Schachnovelle **mit einer eingebauten Philosophie des Schachs**."[26]

---

24 Vgl. Winfried Freund, Einleitung –„....und ob es eine Tat war oder nur ein Ereignis..." Ein Versuch über die Novelle. In: W. F. (Hrsg.): Deutsche Novellen UTB W. Fink Uni Taschenbücher 1753. München 1993. S. 7–13 und Winfried Freund, Theorie der Novelle. In: Novelle. Reclam Literaturstudium. Stuttgart 1998. S. 9-63.
25 Stefan Zweig, WVG. S. 159.
26 Ingrid Schwamborn, S. 411.

2.4   Personenkonstellation und Charakteristiken

ganz wenige Personen

Die auf das Wesentliche reduzierte Novelle kommt mit ganz wenigen Personen aus. Charakterisiert werden Czentovic, Dr. B. und McConnor. Die übrigen Personen bleiben Statisten. So findet die Frau des Ich-Erzählers, mit der er im Rauchsalon die erste Schachpartie spielt, um den Weltmeister anzulocken, beispielsweise nur eine einzige Erwähnung. Aus der Mitspielergruppe gewinnt niemand Konturen. Auch vom Ich-Erzähler erfährt der Leser nur, dass er als Österreicher ein Landsmann Dr. B.'s ist.

Dr. B., Czentovic und McConnor verhalten sich zueinander wie Spieler (Protagonist), Gegenspieler (Antagonist) und Spielleiter. Die Spielleiterfunktion übt McConnor aus, indem er die materiellen Forderungen Czentovics erfüllt und die Handlung durch die Fortsetzung der Spielsituation vorantreibt.

McConnor, ein vermögender schottischer Tiefbauingenieur, wird als Erfolgsmensch vorgestellt, gewohnt, sich im Leben rücksichtslos durchzusetzen. (26) Dies gilt für ihn in allen Lebenssituationen, auch im Schachspiel. Jede Niederlage bedeutet ihm persönliche Herabsetzung und Verlust an Persönlichkeitswert. Deshalb ist er weder willens noch bereit, Niederlagen im Spiel auf sich beruhen zu lassen. Ein verlorenes Spiel fordert ihn zu unmittelbarer Revanche heraus. Diese Haltung führt dazu, dass das Schachspiel an Bord zwischen dem Ich-Erzähler und McConnor über Tage fortgesetzt wird. Gerade die Geringschätzung der Schachkunst des Ich-Erzählers wie der McConnors durch den nur kurz am Schachbrett auftauchenden Weltmeister, ruft den Ehrgeiz McConnors wach, der mit allen Mitteln eine Partie gegen den Weltmeister durchsetzt. Die zutreffende Beurteilung seiner Spielweise als

„drittklassig" (29) verärgert ihn erneut und stachelt ihn gewaltig an. Sich durchzusetzen, geht ihm über alles.

Darüber hinaus ist seine temperamentvolle, spontane Art, die während **temperamentvolle, spontane Art** des Spiels zu „unbeherrschter Leidenschaft" und fanatischem Ehrgeiz eskaliert, mit dafür verantwortlich, dass Dr. B. die Partie gegen Czentovic annimmt und sich, entgegen der zuvor getroffenen Entscheidung, auf ein weiteres Spiel einlässt.

Die Aufgabe dieser zweiten Partie durch Dr. B. verführt den wenig einfühlsamen, gezielt die eigenen Vorstellungen durchsetzenden McConnor zu der enttäuschten Apostrophierung des Dr. B. als „Damned fool!" (Verdammter Narr!, 110)

Mirko Czentovic wird zwar als Schachweltmeister eingeführt, aber der Erzähler wertet dessen intellektuelle Fähigkeiten völlig ab. Die Schule hat gezeigt, dass sein Gehirn schwerfällig arbeitet und ihm jede festhaltende Kraft (9) fehlt. Von geistigen Dingen blieb „das maulfaule, dumpfe, breitstirnige Kind" (9) unberührt. Er blieb halb im Analphabetismus stecken. (12) Praktische Dienste erledigte er gehorsam, allerdings mit gehöriger Langsamkeit. Überraschend erweist er sich im Schachspiel als „einseitig sonderbar" begabt. (12) Mit zwanzig ist er nach kurzer Ausbildung ungarischer Schachmeister und kurz darauf Weltmeister. Den „Mangel an imaginativer Kraft", der sich in der vollkommenen Unfähigkeit niederschlägt, ohne Brett und Figuren spielen zu können, ersetzt er durch zähe und kalte Logik. Mit ihm bricht ein Außenseiter, begabt mit „Phlegma und Imbezillität" in die geistige Welt des königlichen Spiels ein. (16) Abstoßend wirken seine Geldgier und sein Stolz. Beide entspringen dem materiellen Erfolg. Sein automatisiertes Schachspiel wird beurteilt als „ein bißchen Figurenherumschieben auf dem Holzbrett", (18) das ihm in einer Woche mehr Geld einbringt, als seinem ganzen Dorf die Holzfällerabrackerei in einem Jahr. Aus dem materiellen Erfolg nährt er seinen Stolz. Doch hinter seiner Beschränktheit verbirgt sich genügend Gerissenheit, die ihn davor bewahrt, sich in der Öffentlichkeit irgendeine Blöße zu geben. Sein Verkehr beschränkt sich auf Leute seines Schlags, allen andern entzieht er sich geschickt. Dass er schließlich für das Spiel gewonnen werden kann, ist auf das Honorarangebot McConnors zurückzuführen.

kalt, unpersönlich und teilnahmslos

Sein Spiel spult er kalt, unpersönlich und teilnahmslos gegen die Mitspieler ab. Die veränderte Situation, die durch das Eingreifen von Dr. B. im Spielablauf herbeigeführt wird, lässt Czentovic aufmerksamer werden. Der gegnerische Widerstand zwingt ihn von seiner hohen Warte in die räumliche Ebene seiner Gegenspieler. (41)

Das Remis fordert von ihm Verstellung, die zur Schau getragene Gleichmut und Lässigkeit sind nur vorgetäuscht. Das Angebot, eine weitere Partie zu spielen, entspringt reiner Geschäftlichkeit. Dieses Auftreten schürt in den Gegnern das „Verlangen, einen derart unerschütterlichen Hochmut gedemütigt zu sehen." (45)

Ganz anders verhält sich der Protagonist **Dr. B.** Er ist ein Mann des Geistes, entstammt einer hochangesehenen Wiener Familie und übt einen akademischen Beruf aus. Als Anwalt arbeitet er verantwortungsbewusst, verschwiegen und um das Wohl und die Sicherheit seiner Klienten besorgt.

Als der Ich-Erzähler Dr. B. auf dem Deck begegnet, trifft er auf einen äußerst höflichen, feinfühligen Menschen, an dessen Aufrichtigkeit und Wahrhaftigkeit kein Zweifel besteht. Vornehme Blässe, Anzeichen vorzeitigen Alterns und nervöses Zucken um den Mundwinkel verraten eine schicksalhafte Vergangenheit, die Dr. B. als Opfer des Nazi-Terrors anschaulich zu schildern weiß. Gewohnt, stets anspruchsvoller geistiger Beschäftigung nachzugehen, gerät er unter unvorstellbaren psychischen Druck, als die Gestapo ihn in Isolationshaft nimmt und ihn von jeder Möglichkeit, dem Nichts zu entkommen, abschneidet. „Es gab nichts zu tun, nichts zu hören, nichts zu sehen, überall und ununterbrochen war um einen das Nichts, die völlige raumlose und zeitlose Leere." (57)

Sein geistiger und intellektueller Anspruch treibt ihn während und nach den Verhören in selbstquälerisches Repetieren der Fragen und Antworten unter dem Druck der Verantwortung für seine Klienten. Bei aller Widerwärtigkeit ist er in der Lage, die Gefahr zu erkennen, die im Nachlassen seiner Aufmerksamkeit und seines Gedächtnisses liegt.

Während der glücklichen Wendung, die sich in der Haft durch seinen Diebstahl eines Buchs mit Meisterpartien im Schach ergibt, zeigt er sich nach anfänglicher Enttäuschung als äußerst einfühlsam und lernfähig. Er betrachtet die Entschlüsselung der ihm fremden Darstellungen als geistige Entspannung, als Möglichkeit, seinen Hunger nach Gedrucktem, nach Geschriebenem (65) ersatzweise zu befriedigen. Die kurze Frist, die er zur Perfektionierung seiner Schachkenntnisse und zur Beherrschung der Partien ohne Brett und Figuren benötigt, stellen seine Intelligenz eindrucksvoll unter Beweis. Das Durchschauen der unbegrenzten Kombinationsmöglichkeiten beflügeln ihn und lassen ihn den Vorzug des Schachspiels erkennen, „durch Bannung der geistigen Energien auf ein engbegrenztes Feld selbst bei anstrengendster Denkleistung das Gehirn nicht zu erschlaffen, sondern eher seine Agilität und Spannkraft zu schärfen." (74) Er gewinnt ein „künstlerisches, ein lusthaftes

> äußerst einfühlsam und lernfähig

Verständnis" zum Schachspiel. (75) Die Spielauffassungen der späteren Kontrahenten könnten kaum gegensätzlicher sein.

Dr. B.'s beweglicher Geist braucht fortwährend neue Reize. Nach einigen Wochen hat er die Lust am Nachspielen verloren, weil er alle Partien traumhaft sicher beherrscht. In dieser Situation verfällt er auf den Gedanken, eigene Partien auszudenken und gegen sich selbst im Spiel anzutreten. „[...] ich mußte mir statt der alten Partien neue erfinden. Ich mußte versuchen, mit mir selbst zu spielen." (77) Wohl wissend, dass dies Verhalten in Schizophrenie, in Bewusstseinsspaltung enden muss, lässt er sich darauf ein, um nicht „dem puren Irrsinn oder einem völligen Marasmus zu verfallen". (78) Die von Dr. B. selbst als „Irrsinn" (80) bezeichnete Situation führt schließlich zu einem Nervenfieber und im Gefolge zu seiner Freilassung aus der Haft. In der Beurteilung seiner Situation und im Nachzeichnen des Krankheitsbildes zeigt Dr. B., dass er ein genauer, einfühlsamer Beobachter ist und psychologisch zu analysieren versteht. Hellsichtig beurteilt er sein Verhalten als „irrwitzig unersättlich, als Besessenheit, Manie, Spielzwang und frenetische Wut." (83)

Selbst als er durch die Annahme der Revanchepartie am Ende der Novelle nochmals in diese gefährliche nervenzerreißende Situation gerät, – Czentovics Taktik der Langsamkeit versetzt Dr. B. in ein Verhalten von Exaltiertheit und veranlasst ihn zu laut ausgestoßenen boshaften Bemerkungen, – (103) ist er noch in der Lage, rechtzeitig abzubrechen. Ein Augenblick der Erinnerung („Remember!") des Ich-Erzählers genügt, um ihn in die Gegenwart zurückzuholen.

> **Dr. B.'s beweglicher Geist braucht fortwährend neue Reize**

In Dr. B. begegnet der Leser einem kreativen Intellektuellen von ausge-
suchter Bildung und Erziehung, dem höfliches, humanes und
einfühlsames Verhalten gegenüber dem anderen inneres Bedürfnis ist. Auch charakterlich ist er der absolute Gegenspieler von Czentovic, dem er jedoch am Ende unterliegt.

kreativer Intellektueller

2.5 Sachliche und sprachliche Erläuterungen

8

Aljechin, Alexander:	Russe, Schachweltmeister von 1927–1935 und von 1937–1946
Capablanca, Raul José:	Kubaner, Diplomat, Schachweltmeister von 1921–27
Lasker, Emanuel:	deutscher Schriftsteller, Schachweltmeister 1894–1921, gab den Titel an Capablanca ab
Bogoljubow, Jewjim Dimitrijewitsch:	Russischer Meister, er konnte sich jedoch in Spielen gegen Aljechin nicht durchsetzen.
Rzeszewski:	In Polen geboren, in USA lebend; seine großen Schacherfolge fallen in die 1930er Jahre
Tartakow, Saviell:	Zweig zählt ihn irrtümlich unter die Schachmeister. Tartakow ist ein bedeutender Schachpublizist. Das von Zweig in Rio gekaufte Schachbuch stammt von ihm.

11

Bileams Esel:	dem Esel des heidnischen Propheten Bileam wird die Fähigkeit zu sprechen zugeschrieben (Moses 4, 22–24 und 31)

12

Famulus:	Urspr. Bediensteter eines Hochschullehrers (heute noch im Bereich der Medizin gebräuchlich). Hier liegt ein ironischer Gebrauch vor.

enragiert: Von frz. rage = Wut hergeleitet, hier: begeistert, leidenschaftlich eingenommen.

13

Sizilianische Eröffnung: Eine der Standarderöffnungen im Schach.

Remis: Unentschiedener Ausgang des Schachspiels.

14

Simultanpartie: Ein einziger Spieler spielt an unterschiedlichen Brettern gegen mehrere Gegner gleichzeitig.

16

imaginative Kraft: Vorstellungskraft

stupend: Verblüffend

Fabius Cunctator: Beiname eines röm. Feldherrn gegen Hannibal im 2. Punischen Krieg (217 v. Chr.)

Hannibal: Karthagischer Feldherr im Kampf gegen Rom, überquerte mit Elefanten die Alpen.

Kutusow, Fürst Michael: Russ. Feldmarschall in den Kriegen gegen Napoleon. Zwang diesen zur Flucht aus Moskau

Phlegma: Geistige Schwerfälligkeit, Trägheit

Imbezillität: Schwachsinn

18

Präpotenz: Überheblichkeit, Frechheit

19

monomanisch: Von einer einzigen Idee besessen

Abbreviatur der Welt: Vereinfachtes Weltbild

Spezimen:	Muster, Modell, Beispiel

20

peripathische Deckrunde:	Rundgang auf dem Deck

23

Physiognomie:	Lehre von der Deutung des Gesichtsausdrucks.
Gall, Franz J.:	Arzt (1758–1828), Begründer der Schädellehre. Er lokalisierte geistig-seelische Anlagen in bestimmten Gehirnbezirken und schloss irrtümlich aus äußeren Formeigentümlichkeiten des Schädels auf geistige Fähigkeiten und Begabungen.

24

proponieren:	Vorschlagen, in Aussicht stellen

25

vogelstellerisch:	Ein Vogelsteller lockt jagdbare Vögel durch den Gesang in Käfigen gehaltener Artgenossen an.

28

Gewogen und zu leicht befunden:	Biblisches Zitat Daniel V, 27. Es spielt auf die Auslese der Guten von den Bösen am Jüngsten Tag an.

32

erhöhten Aplomb:	Hier: Größere Sicherheit im Auftreten.

34

impertinent:	Unverschämt

35

doubliert:	Verdoppelt, hier: mit Rückspiel

38

Pistyan:	Slowakischer Kurort, Austragungsort der Weltmeisterschaft 1922.
Tempi:	Zeiteinheiten im Schach

43

Gegenpointe:	Gegenzug

49

Causen:	Rechtsstreitigkeiten

50

Abt von Seitenstetten:	Vorsteher des Benediktinerklosters Seitenstetten, in Nordösterreich gelegen.

51

Dollfuß und Schuschnigg:	Österreichische Bundeskanzler (Vgl. 1.2 Zeitgeschichtlicher Hintergrund)

52

Ordinationszimmer:	Behandlungszimmer des Arztes

54

Ressentiment:	Unwille, Abneigung

56

Vakuum:	Luftleerer Raum

59

Steenookerzeel:	Ort in Brabant, einer belgischen Provinz

62

rekapitulieren:	Wiederholen
rezitieren:	Aufsagen
rekonstruieren:	Wiederherstellen

71

Schachrepetitorium:	Im Schachbuch aufgezeichnete Wiederholungspartien

Nonsens:	Unsinn
72	
Königin:	Umgangssprachlich fälschlich gebrauchte Bezeichnung für die Schachfigur „Dame"
75	
Technik des Ripostierens:	(Aus dem Fechtsport:) Ausführen eines Gegenstoßes
konzis:	Genau, auf den Punkt hin
78	
Marasmus:	Fortschreitender Verfall der körperlichen und geistigen Kräfte
79	
materielle Exterritorialisierung:	Auf die Gedanken Dr. B.'s bezogen, bedeutet dies die Chance einer Rettung vor der Bewusstseinsspaltung durch das Vorhandensein eines Schachbretts.
81	
memorieren:	Ins Gedächtnis zurückrufen
Exercitium mentale:	Geistesübung
Peripetie:	Wendepunkt
83	
Rochade:	Spezieller Schachzug, Tausch der Felder von Turm und Dame
frenetische Wut:	Rasende Wut
84	
Rösselsprung:	Spezieller Schachzug bei dem der Springer bewegt wird.

93
Pferd:
Umgangssprachlich fälschlich gebrauchte Bezeichnung für die Schachfigur „Springer"

95
Paroli bieten: Widerstand leisten
intrigieren: Hier: Neugierig machen
posthum: Nachträglich

96
Homo obscurissimus: Äußerst geheimnisvoller Mensch

97
Dilettant:
Hier im positivsten Sinn gebraucht: ein Spieler aus reiner Spielfreude (diletto = Ich erfreue mich.)

102
Anonymus und Ignotus: Der Namenlose und Unbekannte

103
Exaltiertheit: Künstlich übersteigertes Benehmen

110
disponieren: Planen, kalkulieren, einrichten

2.6   Stil und Sprache

Mit der *Schachnovelle* schreibt Stefan Zweig seine beste, zeitgemäßeste Novelle. Sie steht in sehr engem Zusammenhang mit seinem Bergexil im brasilianischen Petropolis. Wie auch in anderen Novellen, so bedient sich Zweig hier seines äußerst beliebten Strukturmittels der Rückblende. Der Novellist Zweig konstruiert eine dialogische Situation, in der ein Erzähler einem Gesprächspartner einen schicksalhaft einschneidenden Lebensabschnitt offenbart. Die scheinbar dialogische Struktur ist im wesentlichen monologisch angelegt. Die Darstellung des Erzählers wird nur sehr selten durch eine zustimmende Geste oder einen knappen Kommentar des Zuhörers unterbrochen.

Zweigs Vorliebe für Ich-Erzählsituationen

Die Schachnovelle zeigt Zweigs Vorliebe für Ich-Erzählsituationen. Die Ich-Erzählung ist charakterisiert durch Authentizität und Vertrauen zum Gesprächspartner. Die Erzählhandlung wendet sich dem Innern des Protagonisten zu. Durch die persönliche Betroffenheit ist sie emotional angereichert und perspektivisch getönt.

Die Eloquenz seiner Erzähler zeigt sich in der Treffsicherheit und Überzeugungskraft des Dargestellten. Wissen und Autorität des Erzählers werden niemals in Frage gestellt. Dr. B. benutzt die Sprache leidenschaftlich und impulsiv. Ihm gelingt die Darstellung seiner psychischen Leiden durch expressiven sprachlichen Ausdruck, der Gebrauch von Superlativen und expressiven Adjektiven sticht hervor.

Die Gesprächssituation selbst erfüllt kathartische Funktionen beim Sprecher. Dabei werden sprachliche Ästhetisierung und Harmonisierung niemals aufgegeben, selbst dort nicht, wo es sich um die Darstellung der Peiniger Dr. B.'s handelt. Um über sie sprechen zu können, begegnen sie nicht persönlich, sondern werden durch ihre Handlungen charakterisiert:

> *„Auf dem Tisch lag ein Stoß Papier: die Akten, von denen man nicht wußte, was sie enthielten, und dann begannen die Fragen, die echten und die falschen, die klaren und die tückischen, die Deckfragen und die Fangfragen, und während man antwortete,* **blätterten fremde, böse Finger** *in den Papieren."* (58/59)

Stilistisch auffällig ist die ausgewogene **Syntax** mit ihren wohlkalkulierten Unterordnungen und ihrer übersichtlichen Gliederung. Elegant wechseln

> ausgewogene Syntax mit wohlkalkulierten Unterordnungen und übersichtlicher Gliederung

konjunktionale Gliedsätze mit satzwertigen Partizipien. Homogen auf den Satzbau abgestimmt ist die erlesene **Wortwahl**. Das syntaktische und verbale Niveau wird auch dort eingehalten, wo sich die Personen mit Ausnahme des Schachweltmeisters wörtlich äußern. Dominanter Maßstab der Stilisierung ist die Schriftsprache. So entsteht von vornherein der Eindruck einer Gesellschaft, die vor allem in gewählten Worten lebt. Wichtiger als Spontaneität ist die in jeder Lebenslage gültige sprachliche Disziplin als exklusives Kennzeichen der bildungsbürgerlichen Zugehörigkeit. Verstärkt wird dieser Eindruck nicht zuletzt durch den Gebrauch ausgefallener, heute zum Teil veralteter Fremdwörter wie „Marasmus" oder „präpotent". Gelegentlich bedienen sich die Personen in der gehobenen Konversation des Französischen, (31) stets in der Gewissheit, dass man sich im Kreis von in die sprachlichen Rituale Eingeweihten bewegt. Mit erstaunlicher Eloquenz schildert man die äußere wie die innere Wirklichkeit. Bis ins Detail gewinnen räumliches Ambiente ebenso sprachliche Gestalt wie schwierigste Seelenvorgänge. Als Angehörige einer bestimmten Bildungsschicht flicht man gelehrte Bibelzitate –

„Bileams Esel" (11) – in seine Rede und umreißt den eigenen weitgespannten Horizont mit Namen wie Dante, Rembrandt, Beethoven und anderen. (19) Sprache erschafft eine stilvolle, vom Kulturkonsens der Eingeweihten getragene Welt.

Ihr gegenüber steht der wortkarge, sprachlich schwerfällige und ungebildete Schachweltmeister. Seine Äußerungen beschränken sich auf wenige Statements und Repliken in einer rein auf informativen Zweck abgestellten Sprache. Allein sein verbales Ausdrucksvermögen und seine Ausdruckshaltung stempeln ihn zum Underdog in der feinen, gebildeten Gesellschaft. Doch in schrillem Widerspruch zu allen Erwartungen ist er es, der am Ende den Sieg davonträgt. Er behält das letzte Wort, indem er „großmütig" (110) sein Urteil über den unterlegenen Bildungsbürger spricht und freizügig Prädikate – „für einen Dilettanten nicht so übel" (110) – verteilt.

> Die stilvolle Welt ist dem sprachlich unbeholfenen Funktionär einer totalitären Sachlogik hoffnungslos unterlegen

Die stilvolle Welt, die in Worten und Bildungszitaten lebt, ist dem sprachlich unbeholfenen Funktionär einer totalitären Sachlogik hoffnungslos unterlegen. Sprache und Stil erscheinen nur noch als dekorative Versatzstücke der Welt von gestern. In der Welt von heute herrschen die unerbittlichen Normen einer sich verselbstständigenden kalten Logik vor, die dabei ist, die Sprache und das Sprachwesen Mensch zu entmachten.

Die am Rande erwähnten historischen Ereignisse ermöglichen die exakte Einordnung des Geschehens. Auf diese Weise kann die erzählte Begebenheit zu einer symbolhaften Zeitspiegelung werden, in der Imbezillität und Brutalität gegen Intellektualität und Humanität stehen, eingefangen im Schachspiel zwischen Czentovic und Dr. B. Das Schachspiel wird zur Chiffre für den dramatischen Kampf, der sich in der Zeitgeschichte abspielt. Wie im Schachspiel Czentovic, so siegt in der Zeitgeschichte der ideologische Automatismus, die blindwütige Durchsetzung der Nazi-Ideologie, die alle Andersdenkenden durch physische Vernichtung ausschaltet.

Paul Zech, Zeitgenosse und Freund Stefan Zweigs sagt über dessen Überzeugungskraft als literarischer Vermittler:

> *„Zweig war ein virtuoser Erzähler, der mit verlockendem Spürsinn einen abwechslungsreichen, durch kräftige Kontraste gekennzeichneten Stil schrieb. Er liebte Pathos und dramatische Effekte, die das Gefühl der Leser direkt anzusprechen vermochten, sie mitrissen und fesselten. Und das ist ihm großartig gelungen. Er hat Weltruhm gewonnen, ohne sich an Form- oder Sprachexperimenten zu versuchen. Charakteristisch für Zweig ist die Bevorzugung geschichtlicher Themen, in denen die Tragik des Menschen dargestellt ist, der gegen die Übermacht des Schicksals und das Wesen der Ungerechtigkeit kämpft."*[27]

---

27 *Stefan Zweig, Paul Zech. Briefe 1910–1942.* Hg. v. Donald G. Daviau. Fischer 1986. S. 147.

2.7   Interpretationsansätze

Es erscheint mir an dieser Stelle weder hilfreich noch sinn-
voll, den Ehrgeiz auf das Referieren möglichst vieler Analyse-
schwerpunkte oder Interpretationsmeinungen zu richten. Es
soll vielmehr darum gehen, nachvollziehbare und plausible
Deutungsansätze knapp wiederzugeben, um Anstöße für begründete eigene Zugänge zu geben.

*psychologische Novelle, die
einen Krankheitsfall ergründet*

Schon 1954 hat **Johannes Klein** in
seiner *Geschichte der deutschen Novelle*
die *Schachnovelle* gewürdigt. Für ihn
ist sie eine psychologische Novelle, die einen Krankheitsfall
ergründet. Die vorliegende Krankheit ist eine Folge unmenschlicher Behandlung. Die Schuld, die aus den zeit- und
weltgeschichtlichen Zusammenhängen erwächst, besteht darin, dass sie einen geistigen Menschen dazu führt, sich im
Kampf gegen den Unmenschen zu spalten und dabei sein ei-
gentliches Menschsein verlieren kann. Obwohl Dr. B. der eigentliche Meister ist, er beherrscht dieses Spiel und umfasst
zugleich weit größere Bereiche, unterliegt er Czentovic, der
vom Schach beherrscht, ein Schachautomat ist. Er ist der eigentlich pathologische Fall, denn er ist zu ungeistig, um echten Spielgeist zu kennen. Das eigentliche Leben, die Welt des
Geistes, ist ihm fremd. Die persönliche Begegnung Dr. B.'s
mit diesem Ungeist bringt seine psychische Krankheit erneut
zum Ausbruch.

*„Dies Unmenschliche ist die Einseitigkeit, ist die ungeheure
Konzentrierung auf eine Tätigkeit, einen Gedanken. Alle Intelligenz ist auf diese Seite geworfen, und dadurch wird, bei Verlust sonstiger menschlicher Erregungen und Interessen das Tor
für eine gefährliche Entwicklung geöffnet. Die übersteigerte In-*

telligenz der Berechnung, die Tücke von Angriff und Verteidigung braucht nur vom Spiel auf eine politische Idee übertragen zu werden, und dieser Czentovic wird zu einem der Typen, mit denen Dr. B. als der Schwächere gerungen hat. [...] Wie dort ist er auch hier, obwohl geistig weit überlegen, im Nachteil. Er müsste sich spalten, aus zwei verschiedenen Charakteren bestehen, [...] müsste also als reiner Mensch zugleich das Unmenschliche verstehen und ihm mit gleichen Mitteln antworten."[28]

Das Unterliegen Dr. B.'s deutet Klein als feines Sinnbild, weil er bereits durch dieses Spiel gegen Czentovic wieder in das Spiel gegen sich selbst, wieder in die Spaltung hineingeraten ist. Der geistige Mensch ist der Geschlagene, er gehört der Welt von gestern an, ein tragischer Ausgang wird dem Leser der Novelle glücklicherweise erspart.

Hellmuth Himmel, österreichischer Autor und Verfasser einer *Geschichte der deutschen Novelle* 1963 sieht in der *Schachnovelle* „das novellistische Denkmal des von politischer Verfolgung Gebrochenen."[29] Himmel hebt hervor, dass Schach als „ein Denken, das zu nichts führt, eine Mathematik, die nichts errechnet, eine Kunst ohne Werke, eine Architektur ohne Substanz" bezeichnet werden muss. Durch seine Substanzlosigkeit ist es dem isolierten Dr. B. zugänglich. Das Ziel, den Partner matt zu setzen ist unerreichbar, wenn man beide Farben zugleich spielt. Auf dieses Ziel aber konzentriert sich die Begabung des Weltmeisters, dem die Kraft der Imagination völlig fehlt, so dass er ans wirkliche Brett gefesselt bleibt. In der Gegnerschaft der beiden wiederholt sich die Situation zwischen dem verhörenden Beamten und Dr. B.:

---

28 Johannes Klein, *Geschichte der deutschen Novelle von Goethe bis zur Gegenwart.* Wiesbaden 1954, S. 512.
29 Hellmuth Himmel, *Geschichte der deutschen Novelle.* Wien 1963. S. 469–470.

Während jener immer das bestimmte Ziel ansteuert, kann sich dieser nur retten, indem er kein Ziel verfolgt, sondern den Willen auf die Freiheit richtet, auch wenn er „ins Leere" zu stoßen scheint, weil der Wille zur Freiheit kein Objekt hat.

Donald G. Daviau und **Harvey J. Dunkle** dagegen sehen (1973) in den beiden Hauptfiguren Czentovic und Dr. B. und in gewisser Weise auch in McConnor Vertreter des zentralen Motivs, des Schachspiels. In Czentovic und Dr. B. begegnen sich zwei monomanische Menschen, beide mit einem psychischen Defekt. Czentovic ist der Defekt angeboren, er kann nichts als Schach, Dr. B. hat ihn sich aneignen müssen. Was zunächst ein Schutz vor dem geistigen Verfall zu sein schien, wird zum Anstoß für geistige Verwirrung. Der Unterschied der beiden besteht darin, dass der eine seine monomanische Fähigkeit zur Existenzsicherung einsetzen **muss**, während Dr. B. ohne Schach gut überleben kann. Beide sind auf der ersten Ebene würdige Schachgegner („worthy chess opponents"). [30] Die Verfasser setzen sich im Weiteren mit der oft vorgetragenen These auseinander, es handle sich hier um den Kampf des Humanisten gegen die politische Tyrannei, Abbild für die Machenschaften im faschistischen Hitler-Deutschland. An der in der Novelle verwendeten sprachlichen Fügung „Hitlerei" machen sie fest, dass jede Interpretation zu kurz greift, die nur den spezifischen Nazi-Hintergrund berücksichtigt. Der Konflikt liegt **verallgemeinernd** im Aufeinanderprall monomanischen Machtwillens mit den ihm unterliegenden Opfern. Schach wird Czentovic und Dr. B. zum Spiel um Leben und Tod. Beide spielen, um zu gewinnen,

> zwei monomanische Menschen

> Aufeinanderprall monomanischen Machtwillens mit den ihm unterliegenden Opfern

---

30 Donald G. Daviau und Harvey J. Dunkle, *Stefan Zweig's Schachnovelle*. In: Monatshefte, University of Wisconsin. 1973. S. 379.

beide werden zu Robotern, indem sie sich auf den Kampf einlassen („both become robots when involved in the game"). Die von Czentovic geäußerte „großmütige" Beurteilung des letzten, von Dr. B. aufgegebenen Spiels wird als echtes, anerkennendes Kompliment an den Gegner aufgefasst. Zweig habe in Czentovic keinen boshaften, üblen Mann („vicious or evil man") porträtiert, sondern einen, der das meiste aus seinem Talent herausholen müsse, um zu überleben, er tauge nicht als Symbol für einen Tyrannen.

Joseph Strelka widmet in seiner Darstellung Stefan Zweigs der *Schachnovelle* (1981) anerkennende Worte. Er hebt den Aufbau der Novelle besonders hervor, durch den die Spannung von Anfang bis Ende aufrecht erhalten wird. Er sieht in ihr die am höchsten entfaltete Novellenkunst

> Spannung von Anfang bis Ende aufrecht erhalten

Zweigs, „weil die Rahmenhandlung zu einer eigenen spannenden Novelle entwickelt"[31] wird. Die Rahmen- und die Binnengeschichte ist für ihn durch die autobiografische Figur des Erzählers zusammengebunden. Er sieht in der Aneignung des Schachspiels in der Isolationszelle eine Überlistung der raffinierten psychologischen Methoden der Gestapo durch den Erzähler. In der Rahmenhandlung schlägt der gleiche Mann „den Schachweltmeister mit den präpotenten Zügen eines Miniatur-Hitlers" im Schachspiel.

Siegfried Unseld weist in seiner Deutung 1993 darauf hin, dass Stefan Zweig in der Darstellung der Leiden Dr. B.'s in der Gestapo-Haft stellvertretend an die Leiden von Millionen Menschen, die in den Konzentrationslagern gefoltert und ermor-

> Leiden Dr. B.'s in der Gestapo-Haft stellvertretend für die Leiden von Millionen Menschen in den Konzentrationslagern

---

31 Joseph Strelka, *Zur Schachnovelle*. In: Stefan Zweig. Freier Geist der Menschlichkeit. Wien 1981. S. 140–141.

det wurden, erinnern wollte. In diesem Zusammenhang hebt er das Interesse Zweigs hervor, dessen Sympathie und Aufmerksamkeit den Opfern und nicht den Tätern galt. Er sieht in Zweig einen Parteigänger, nicht für eine Partei, nicht für eine Idee, sondern für den einzelnen Menschen. „Wer Partei für den Einzelnen gegen die Masse ergreift, gerät automatisch in die Zerreißprobe von Macht und Ohnmacht; überflüssig zu fragen, wer hier unterliegt."[32]

Bengt Algot Sørensen legte 1996 unter dem Titel *Stefan Zweig: Schachnovelle* eine Interpretation vor. Er stellt die Kontrastierung als Prinzip der *Schachnovelle* heraus. Die Lebens- und Bildungsgeschichten von Czentovic und Dr. B. sind ebenso gegensätzlich wie ihr Schachspiel, das Dr. B. nur ohne Brett und Partner, also „blind" zu spielen versteht, während gerade diese Fähigkeit Czentovic völlig abgeht. Der Kontrast der Gegner wird von Zweig auch sprachlich immer wieder verdeutlicht. Allerdings hebt Sørensen auch hervor, dass um dieses Kontrasts willen Zweig einen | Weltmeister kreiert hat, den es in Wahrheit so nicht geben kann. Zweig selbst billigt ja im Text der Novelle den Schachmeistern ein spezifisches Genie zu: Vision, Geduld und Technik, die ebenso wirksam sind wie im Mathematiker, im Dichter, im Musiker. Zu diesem Bild steht Czentovic in krassestem Widerspruch. Wie auch die anderen Novellen Zweigs zeigt *Schachnovelle* deshalb das psychologische Interesse, das der Autor in seinen Personen zum Ausdruck bringt. Die *Schachnovelle* spürt dem Motiv der Spielleidenschaft nach. Sie zeigt sich selbst in der Figur McConnors. In der *Schachnovelle* mündet das Spiel in monomanische Besessenheit, in Wahnsinn, der nur knapp vermieden werden kann.

> Weltmeister, den es in Wahrheit so nicht geben kann

---

32 Siegfried Unseld, *Das Spiel vom Schach. Stefan Zweig: Schachnovelle* 1941/42. In: Deutsche Novellen. Hrsg. v. Winfried Freund. München 1993. UTB Fink. S. 260.

„Die Spiele der Schachnovelle werden als Serien von emotional geladenen Momenten dargestellt, deren dramatische Effekte sich ständig steigern. Am Beispiel der Gegenspieler des Weltmeisters Czentovic, der selbst äußerlich ruhig bleibt, lässt Stefan Zweig die Erregung bis zu dem Punkt wachsen, wo atavistische Triebe jenseits der rationalen Kontrolle durchbrechen. Dies gilt schon für das Spiel der Passagiere unter der Leitung des fanatischen McConnor."[33]

Die Symbolik der *Schachnovelle* sieht Sørensen in der „Zerstörung des humanen Gleichgewichts zwischen rationalen und irrationalen Mächten, deren Kräftespiel immer im Mittelpunkt von Stefan Zweigs psychologischem und künstlerischem Interesse stand."[34]

Winfried Freund führt 1998 zu Zweigs *Schachnovelle* aus:

„In seiner wohl berühmtesten Erzählung ‚Schachnovelle' (1941) tritt die Erotik unter dem Eindruck des verheerenden Zweiten Weltkriegs ganz zurück. Die geschichtlichen Ereignisse drängen den bisher vornehmlich mit sich selbst und seinen Gefühlen befassten Menschen in den Hintergrund. Zentrales Ereignis der Novelle, ihre unerhörte Begebenheit, ist das Schachspiel zwischen dem dilettierenden Dr. B. und dem Schachweltmeister Mirko Czentovic während einer Schiffsreise. Alle Geschehensstränge laufen auf diese das Finale bildende Begebenheit zu. [...] Der Weltmeister erscheint als ungeheuer einseitig, begabt offenbar nur mit einer für das Schachspiel höchst geeigneten abstrakten Logik. [...]
Für ihn steht das roboterartige Funktionieren, der Schematismus eines höchst differenzierten mechanischen Apparats im Vordergrund. Sonst ist Czentovic eher ignorant und primitiv,

---

33 Bengt Algot Sørensen: *Stefan Zweig: Schachnovelle.* In: Interpretationen. Erzählungen des 20. Jahrhunderts. Stuttgart S. 258 f.
34 Ebd. S. 263.

ohne Beziehungen zu Geistigem und Kulturellem, einzig darauf aus, mit seiner überaus einseitigen Begabung so viel Geld wie möglich zu machen. [...]

Dr. B., Opfer der Gestapo, [...] kommt während seiner Isolationshaft durch die Gestapo durch Zufall an ein Buch mit Schachmeisterpartien. Diese immer wieder nachspielend, denkt er sich in das Spiel hinein, bis er anfängt, neue Partien zu erfinden und gegen sich selbst zu spielen. Die schizophrene Situation führt zum Verlust der Spielfreude und lässt ihn an einem Nervenfieber erkranken, so dass man ihn schließlich entlässt.

In der Partie gegen den Weltmeister will er erproben, ob er überhaupt in der Lage ist, gegen einen lebendigen Gegner anzutreten. Mit Spielwitz und Phantasie entscheidet er die Partie für sich. In der Revanche erleidet er erneut eine Nervenkrise, ausgelöst durch das ihm bewusst werdende bloß mechanische Funktionieren seines Gegners, der mit der eigengesetzlichen Logik eines Apparats jegliche Spielphantasie erstickt. [...]

Die Gewalt funktioneller Mechanik, die Schachmaschine triumphiert über die freie, sich jenseits bloßer Sachzwänge phantasievoll äußernde Intelligenz. "[35]

---

35 Winfried Freund, *Novelle*. Reclam Literaturstudium. S. 271–273.

3. Themen und Aufgaben

1) Thema: Die Personen der *Schachnovelle*

Lösungshilfe
2.2
2.3
2.4

▶ Nennen Sie die Hauptpersonen und erläutern Sie ihre Stellung zueinander.

▶ Nennen Sie die übrigen Personen und bestimmen Sie ihre Funktion für den Aufbau der Novelle!

2) Thema: *Schachnovelle* als klassischer Novellentext

Lösungshilfe
2.3.3
2.7
5.

▶ Wenden Sie Gattungsmerkmale auf den Novellentext an!

▶ Bestimmen Sie im Novellenzusammenhang die symbolische Bedeutung des Schachspiels und des Schachbretts!

▶ Tragen Sie allgemein perspektivische Merkmale zusammen, die für die Gattung Novelle bestimmend sind und wenden diese auf die *Schachnovelle* an.

3) Thema: Spieler und Gegenspieler in der *Schachnovelle*

Lösungshilfe
2.4
2.7

▶ Charakterisieren Sie die Personen Czentovic und Dr. B.!

▶ Legen Sie dar, welche Bedeutung ihrer Gegensätzlichkeit beigemessen wird.

4) Thema: Die Erzähler in *Schachnovelle*

▶ Zeigen Sie, welche unterschiedlichen Aufgaben die beiden Erzähler im Handlungsverlauf erfüllen.

▶ Definieren Sie mit Blick auf die Erzähler die Begriffe „Erzählerbericht", „Ich-Erzähler", „vermitteltes" und „authentisches" Erzählen!

▶ Die Erzähler sind in autobiografischen Zusammenhang zu Stefan Zweig gebracht worden. Geben Sie dafür Anhaltspunkte an!

Lösungshilfe
2.3.2
1.1.
1.2.4
2.1

5) Thema: Form und Funktion der *Schachnovelle*

▶ Stellen Sie die „unerhörte Begebenheit" heraus.

▶ Geben Sie eine Definition für den Begriff „Wendepunkt" und weisen Sie nach, inwiefern er auf *Schachnovelle* angewendet werden kann.

▶ Suchen Sie Begründungen für den abrupten, offenen Schluss!

Lösungshilfe
2.3
2.3.3
2.6
5.

6) Thema: Die Sprache in *Schachnovelle*

▶ Stellen Sie die sprachlichen Besonderheiten heraus!

▶ Bringen Sie den Sprachgebrauch mit der Charakteristik der Personen in einen Zusammenhang!

Lösungshilfe
2.6
2.4

7) Thema: Die Verfilmung

Lösungshilfe

4.

▶ Stellen Sie dar, worin Sie Schwierigkeiten bei der Visualisierung der Novelle sehen.

▶ Stellen Sie Vorteile heraus, die in der Visualierung liegen.

▶ Versuchen Sie zu ergründen, ob es auch Nachteile gibt.

8) Thema: Zeitgeschichtlicher Hintergrund

Lösungshilfe

1.1
1.2
2.7
5.

▶ Stellen Sie Überlegungen darüber an, ob *Schachnovelle* auch ohne Kenntnisse des geschichtlichen Hintergrundes deutbar wäre. Beziehen Sie Ihre Kenntnisse über das Leben Zweigs in Ihre Überlegungen ein.

9) Thema: Versuchen Sie, eine markante Szene der Novelle in ein anderes Medium umzusetzen.

Lösungshilfe

Produktive
Rezeption

▶ Vorschlag: Überredung Dr. B.'s durch McConnor, zu einer Schachpartie gegen den Weltmeister anzutreten.

▶ Vorschlag: Innerer Monolog des Weltmeisters Czentovic am Ende der zweiten Schachpartie.

10) Thema: Bedeutung des Textes

Lösungshilfe
Vorwort

▶ Geben Sie für Mitschüler einer anderen Klasse Begründungen an:

▶ a) Warum sollte die *Schachnovelle* Unterrichtsgegenstand sein?

▶ b) Warum sollte man auf sie verzichten?

4. Rezeptionsgeschichte

Die *Schachnovelle* erschien zuerst 1942 in Buenos Aires bei Zweigs brasilianischem Verleger Alfredo Cahn in der von Zweig limitierten Auflage von nur 250 Exemplaren. 1943 in Stockholm bei Bermann-Fischer und 1944 in der Übersetzung von Ben Hübsch in New York.

1960 wurde sie mit Curd Jürgens in der Hauptrolle verfilmt, und seit der 1960 verfilmt

Taschenbuchausgabe 1974 hat sich die in 16 Sprachen übersetzte Novelle in den siebziger und achtziger Jahren auf dem deutschen Buchmarkt zu einem Bestseller entwickelt. Bis 1974 verkaufte sich die erste Auflage, bis April 1983 wurden 350 Tausend Exemplare abgesetzt, bis Juli 1984 weitere 490 Tausend.[36]

Bei der Auswertung der literaturgeschichtlichen Erwähnungen der *Schachnovelle* kann man erstaunliche Erfahrungen sammeln. In den *Daten deutscher Dichtung* von Albert und Elisabeth Frenzel wird die Novelle zwar erwähnt, die Textkenntnis ist aber so ungenau, dass nur die unzutreffende Bemerkung, sie stelle den „erregenden Augenblick aus der überstandenen Haftzeit in einem **Konzentrationslager**"[37] dar, der Charakterisierung des Textes dient. Im von Walther Killy herausgegebenen Literaturlexikon behauptet Alfred Pfoser, ebenfalls ohne genaue Textkenntnis, dass im Mittelpunkt ein dem Gestapo-Terror entronnener **Arzt** stehe.[38]

---

36 Ingrid Schwamborn. S. 405.
37 Herbert A. und Elisabeth Frenzel, *Daten deutscher Dichtung*. Bd. 2. 31. Aufl. München 1998. S. 620.
38 Alfred Pfoser, *Zweig, Stefan*: In: Walther Killy (Hg.) Literaturlexikon. Bertelsmann Lexikon Verlag Bd. 12. München 1992. S. 537.

Viktor Zmegac erwähnt die *Schachnovelle* ausschließlich im Zusammenhang der Zweigschen Thematik des Niedergangs der europäischen Kulturwelt.[39]

Die Erkenntnis der Bedeutung des Textes nimmt jedoch in der Gegenwart zu. So widmet Hans Gerd Rötzer Zweig ebenso wie der *Schachnovelle* bedeutende Aufmerksamkeit und weist ihr „repräsentativen Charakter" in der individuellen Konfrontation mit dem Nationalsozialismus zu.[40] Ausführliche Darstellung findet Zweigs *Schachnovelle* in Kindlers Literatur Lexikon[41] ebenso wie in Reclams Romanlexikon[42] und im Rahmen der Literatur zwischen den Weltkriegen unter dem Aspekt der Ohnmacht der Opfer im Schnellkurs Deutsche Literatur von Winfried Freund.[43]

individuelle Konfrontation mit dem Nationalsozialismus

1960 verfilmt der Regisseur Gerd Oswald die *Schachnovelle*. Das Drehbuch richtete Herbert Reinecker ein, der mit den Drehbüchern zu *Derrick* und *Der Kommissar* ein bekannter Autor für verbreitete Fernsehserien geworden ist. Die Hauptrollen werden gespielt von Curd Jürgens, Mario Adorf und Claire Bloom. Hans-Jörg Felmy agiert als Gestapo-Offizier.

Während es das Markenzeichen der *Schachnovelle* Zweigs ist, ohne Frauen und Erotikbeziehungen auszukommen, um den Konflikt zwischen den beiden Hauptfiguren ins Zentrum zu rücken, führt Reinecker mit der Tänzerin Adriani eine Frau ein, die in ein Dreiecksverhältnis zwischen Dr. B. (Basil) und dem Gestapo-Agenten Berger gestellt wird. Das Geschehen, das die Novelle rückblendend erzählt, rückt in den Mittel-

---

39 Viktor Zmegac (Hg.), *Geschichte der deutschen Literatur vom 18. Jahrhundert bis zur Gegenwart* Bd. III. 1918–1980. Königstein /Ts. 1984. S. 244.

40 Hans Gerd Rötzer, *Geschichte der deutschen Literatur*. C. C. Buchners Verlag. Bamberg 1992. S. 352–353.

41 *Kindlers Literaturlexikon*, dtv München 1974. S. 8477.

42 Christine Schmidjell, S. 343–344.

43 Winfried Freund, *Deutsche Literatur. Schnellkurs*. Dumont Köln 2000. S. 173.

punkt der Filmhandlung. Der oberflächliche Konflikt der Tänzerin, sich entweder für den Quäler von Dr. Basil, Berger, oder für ihn selbst und für die Loyalität gegenüber Österreich zu entscheiden, wird zentrales Motiv, der geistige Überlebenskampf Dr. Basils im Schachfieber der Isolationszelle stellt einen anderen, deutlich vergröberten Handlungsstrang dar, weil der innere, psychische Kampf für den Zuschauer nachvollziehbar nach außen transponiert werden muss. Die mit einem scharfen Schnitt nach Ablegen des Schiffes in Richtung Venedig eingeleitete Schachspielhandlung, zunächst zwischen den Schachspielern unter den Passagieren, gerät zu einem dramatischen Zwischenfall, bei dem für Dr. Basil der Schachweltmeister Czentovic mit seinem Gestapogegner verschwimmt. Bevor es zu einem verzweifelt tätlichen Angriff Dr. Basils auf den unschuldigen und verständnislosen Czentovic kommt, taucht für den Zuschauer überraschend Frau Adriani auf dem Schiffsdeck auf. Als Zeugin beim letzten Verhör von Dr. Basil, kann sie ihn von allen selbstquälerischen Fragen nach dem, was er verraten haben könnte, befreien. Er hat nichts verraten, sein Widersacher Berger wurde wegen seiner Erfolglosigkeit gegenüber Dr. Basil fristlos aus dem Amt entfernt. Der Gestapo-Agent ist glücklicherweise der totale Verlierer. Die Liebe der beiden kann sich ungehindert erfüllen.

Die durch den Zwischenfall unterbrochene Schachpartie mit dem Weltmeister wird mit der Matt-Ankündigung Dr. Basils beendet. Czentovic bestätigt das Matt allerdings nicht. Das Ergebnis bleibt auch für den Zuschauer offen.

Es ist sicher nicht übertrieben geurteilt, wenn man die Aussage des Films mit der der *Schachnovelle* nur insofern vergleichen kann, als in beiden Fällen die Grausamkeit des Nazi-Regimes herausgestellt wird. Die im Film verwendete

Die im Film verwendete Handlung vergröbert die sensible und straff zugespitzte Handlungsführung Zweigs.

Handlung vergröbert die sensible und straff zugespitzte Handlungsführung Zweigs auf unannehmbare Weise. Aus dem Kampf des human denkenden, geistigen Menschen gegen den Ungeist des kalkulierenden Automatismus ist eine Liebesgeschichte geworden, in der die Entscheidung für den guten und gegen den bösen Mann gefallen ist.

5.   Materialien

In seinem Buch über die Novelle[44] führt Winfried Freund mit Blick auf den Perspektivismus aus:

„In der Novelle ist ein Rückzug aus der enttäuschenden Wirklichkeit in eine Enklave der Selbstbewahrung und eigenbestimmten Handelns ausgeschlossen. Sie zeigt den Menschen integriert in Zeit und Raum, in Gesellschaft und Geschichte und gebunden an die eigenen elementaren existenziellen Bedingungen. Liebe ist wie der Tod existenzielles Schicksal. Glück und Unglück fügen sich, ohne dass der einzelne unmittelbaren Einfluss zu nehmen vermag. Die Novelle ist mit den positiven wie mit den negativen Zufälligkeiten des Daseins befasst, mit den glücklichen Wendungen im Leben des Menschen wie mit seiner Hinfälligkeit.

Überzeitlichkeit, Unvergänglichkeit, jede Form von Transzendenz ist der Novelle im Grunde fremd. Ihr großes Thema ist der dem Hier und Jetzt zwischen Gelingen und Scheitern ausgesetzte Mensch. Es gibt keine Auswege aus dem konkret bestimmten Dasein, keine Sonderrechte für den einzelnen und kein individuelles Heldentum. Die Novelle zeigt den Menschen eingebunden in ein unwandelbares Dasein, das sich ihm in seinen Erfahrungen und Erlebnissen erschließt, über das er aber niemals verfügen und das er noch weniger verändern kann. [...] Dort, wo der einzelne handelt, holen ihn die Konsequenzen seines Handelns ein. [...] Die Novelle macht das scheinbar schicksalhaft Bestimmende durchschaubar als etwas durch den Menschen und durch menschliche Macht Verursachtes, sie weigert sich aber in der Regel, Änderungen zum Besseren darzustellen."

---

44   Winfried Freund, (1988) S. 58–59.

Hartmut Müller, der Verfasser der jüngsten Zweig-Biografie führt über die Novellentechnik Stefan Zweigs aus:

„Im Mittelpunkt der Zweig'schen Novellen steht die ‚sich ereignete unerhörte Begebenheit' (Goethe), die dem Geschehen eine unvermutete Wendung gibt und die alltäglichen Vorgänge in ein fremdes Licht taucht. Dadurch werden die vertrauten Zusammenhänge plötzlich in eine neue, aufschlussreiche Perspektive gerückt. Das bisher Verborgene offenbart sich, die psychologische Neugierde wird befriedigt. Die Technik der unvollständigen und daher ergänzungsbedürftigen Information treibt die Handlung voran und schafft dramatische Spannung, die der Gattung Novelle entspricht. [...] in den späteren (Novellen) *begegnen häufig Rückblenden in Form der Beichte. Der fiktive Erzähler trifft einen interessanten Menschen, der Vertrauen zu ihm fasst und ihm in der authentisch wirkenden Ich-Form seine Lebensgeschichte erzählt. Die meistens einsträngige Handlung ist also in das Innere des Protagonisten verlegt durch subjektive Wiedergabe emotional angereichert und perspektivisch getönt. Die Novellen insgesamt haben wenig autographischen Bezug zu ihrem Verfasser. Allerdings teilen fast alle Figuren Zweigs Lebensneugier und bemühen sich angestrengt um die Lösung eines psychologischen Rätsels."* [45]

In seiner Autobiografie *Die Welt von gestern* beschreibt Stefan Zweig seine Arbeitsweise als Schriftsteller, aus der er sich die Wirkung seiner Bücher erklärt:

„[...] kaum daß die erste ungefähre Fassung ins Reine geschrieben ist, beginnt für mich die eigentliche Arbeit, die des Kondensierens und Komponierens, eine Arbeit, an der ich mir von Version zu Version nicht genug tun kann. Es ist ein unablässiges Ballast-über-

---

45 Müller, S. 77/78.
46 Stefan Zweig, WVG. S. 293.

Bord-werfen, ein ständiges Verdichten und Klären der inneren Architektur; während die meisten andern sich nicht entschließen können, etwas zu verschweigen, was sie wissen, und mit einer gewissen Verliebtheit in jede gelungene Zeile sich weiter und tiefer zeigen wollen, als sie eigentlich sind, ist es mein Ehrgeiz, immer mehr zu wissen, als nach außen hin sichtbar wird.

Dieser Prozeß [...] wiederholt sich dann noch einmal, zweimal, dreimal bei den gedruckten Fahnen; es wird schließlich eine Art lustvoller Jagd, noch einen Satz oder auch nur ein Wort zu finden, dessen Fehlen die Präzision nicht vermindern und gleichzeitig das Tempo steigern könnte. Innerhalb meiner Arbeit ist mir die des Weglassens eigentlich die vergnüglichste. [...] Wenn also manchmal an meinen Büchern das mitreißende Tempo gerühmt wird, so entstammt diese Eigenschaft keineswegs einer natürlichen Hitze oder innerer Erregtheit, sondern einzig jener systematischen Methode ständiger Ausschaltung aller überflüssigen Pausen und Nebengeräusche, und wenn ich mir irgendeiner Art Kunst bewußt bin, so ist es die Kunst des Verzichtenkönnens." [46]

In der *Welt von gestern* nimmt Zweig auch Stellung zum Schicksal der Juden, das er in seiner Art teilte (Bücherverbrennung, Exil):

„Ich mußte ihm (Freud) recht geben, daß jeder Jude jetzt siebenmal empfindlicher geworden war, denn inmitten dieser Welttragödie waren sie die eigentlichen Opfer, überall die Opfer, weil verstört schon vor dem Schlag, überall wissend, daß alles Schlimme sie zuerst und siebenfach betraf, und daß der haßwütigste Mensch (Hitler) aller Zeiten gerade sie erniedrigen und jagen wollte bis an den letzten Rand der Erde und unter die Erde. Woche für Woche, Monat für Monat kamen immer mehr Flüchtlinge, und immer waren sie noch ärmer und verstörter von Woche zu Woche als die vor ihnen gekom-

menen. Die ersten, die am raschesten Deutschland und Österreich verlassen, hatten noch ihre Kleider, ihre Koffer, ihren Hausrat retten können und manche sogar etwas Geld. Aber je länger einer auf Deutschland vertraut hatte, je schwerer er sich von der geliebten Heimat losgerissen, um so härter war er gezüchtigt worden." [47]

Klaus Mann, Schriftsteller, Sohn von Thomas Mann, der im amerikanischen Exil lebte, berichtet von einer zufälligen Begegnung mit Stefan Zweig in New York:

„Er kam mir auf der Fifth Avenue entgegen, ohne mich übrigens gleich zu bemerken. Er war in Gedanken, wie man wohl sagt; es dürften keine sehr vergnügten Gedanken gewesen sein. Die Sonne schien, der Himmel lächelte; nicht aber ‚good old Stez', der eher düster wirkte. Da er sich unbeobachtet glaubte, gestattete er seinem Blick, starr und gramvoll zu werden. Keine Spur mehr von der heiteren Miene, die man sonst an ihm kannte. Übrigens war er diesen Morgen unrasiert, wodurch sein Gesicht erst recht verfremdet und verwildert schien. Ich sah ihn an, das Stoppelkinn, die blicklos finsteren Augen, und dachte mir: Nanu! Was ist los mit ihm? Dann ging ich auf ihn zu: ‚Wohin des Weges? Und warum so eilig?' Er fuhr zusammen wie ein Schlafwandler, der seinen Namen hört. Eine Sekunde später hatte er sich gefaßt und konnte wieder lächeln, plaudern, scherzen, verbindlich, angeregt wie eh und je: der weltmännisch gesittete und elegante, etwas zu glatte, etwas zu liebenswürdige Literat mit wienerisch nasaler Stimme und von unzweifelhaft ‚eminent pazifistischer Gesinnung'.
Aber das wildfremde Bartgesicht, das er mir erst gezeigt, hätte mir doch zu denken geben sollen. Ich dachte: Nanu? Und er war ein Verzweifelter..." [48]

---

47 Ebd. S. 385.
48 Klaus Mann, *Der Wendepunkt*. Ein Lebensbericht. Reinbek 1984. S. 434.

Literatur

Textausgaben

Stefan Zweig: *Gesammelte Werke in Einzelbänden.* Hg. Knut Beck. Frankfurt/M. 1981 ff.

Stefan Zweig: *Die Schachnovelle.* Mit einem Nachwort von Siegfried Unseld. S. Fischer Verlag. Frankfurt/M. 1979.

Stefan Zweig: *Die Schachnovelle.* Fischer Taschenbuch Verlag Frankfurt/M. 47. Auflage 2000.
(Der Text folgt dem Originaltyposkript. Nach dieser Ausgabe wird zitiert.)

Stefan Zweig, Friderike Zweig: *Briefwechsel 1912–1942.* Bern 1951.

Stefan Zweig, Paul Zech: *Briefwechsel 1910–1942.* Hrsg. von Donald G. Daviau. Fischer Taschenbuch Verlag Frankfurt/M. 1986.

Verfilmung

Schachnovelle. Nach der gleichnamigen Novelle von Stefan Zweig.
In den Hauptrollen: Curd Jürgens, Mario Adorf und Claire Blum.
Regie: Gerd Oswald, BRD 1960.
Drehbuch: Harold Medford, Gerd Oswald, Herbert Reinecker
Video-Kassette ARTHAUS 0880.

Lexikalische Erfassungen

Zweig, Stefan: *Schachnovelle*. In: **Kindlers Literatur-lexikon.** dtv München 1974. S. 8477.

Zweig, Stefan: In: Walther Killy (Hg.) Literaturlexikon. Bertelsmann Lexikon Verlag Bd. 12. München 1992. S. 537.
Biografische Erfassungen

Biografische Erfassungen

Müller, Hartmut: *Stefan Zweig mit Selbstzeugnissen und Bilddokumenten.* Rowohlts Monographien, Reinbek 2000.

Stefan Zweig: *Die Welt von gestern.* (WVG) Erinnerungen eines Europäers. Ungekürzte Sonderausgabe. Fischer Verlags- und Vertriebsgesellschaft, Frankfurt/M. und Hamburg 1944.

Benutzte Literatur

Arens, Hanns (Hg.): *Der große Europäer Stefan Zweig.* München 1956/Frankfurt/M. 1981.

Berlin, Jeffrey B.: *Stefan Zweig and his American Publisher*: Notes on an Unpublished Correspondance, with reference to *Schachnovelle* and *Welt von Gestern*. In: Deutsche Vierteljahrsschrift (DVJs) für Literaturwissenschaft und Geistesgeschichte, 1982, 2, S. 259–276. (DVJs)

Daviau, Donald G. u. Harvey J. Dunkle: *Stefan Zweig's Schachnovelle*. In: Monatshefte, University of Wisconsin. 1973. S. 370–384.

Frenzel, Herbert A. und Elisabeth: *Daten deutscher Dichtung*. Bd. 2. 31. Aufl. München 1998. S. 620.

Freund, Winfried: *Deutsche Literatur. Schnellkurs*. Dumont Köln 2000. S. 173.

Freund, Winfried: Einleitung – „*...und ob es eine Tat war oder nur ein Ereignis...*" Ein Versuch über die Novelle. In: W. F. (Hg.): Deutsche Novellen UTB W. Fink Uni Taschenbücher 1753. München 1993. S. 7–13.

Freund, Winfried: *Novelle*. Reclam Literaturstudium. Stuttgart 1988.

Gelber, Mark H. (Hg.): *New Yorker Studien zur neueren deutschen Literaturgeschichte*; Bd. 7. New York, Bern, Frankfurt/ M., Paris 1987.

Himmel, Hellmuth: *Geschichte der deutschen Novelle*. Wien 1963.

Klein, Johannes: Zur *Schachnovelle*. In: Geschichte der deutschen Novelle von Goethe bis zur Gegenwart. Wiesbaden 1954. S. 510–512.

Kluxen, Kurt u. a.: *Zeiten und Menschen*. Ausgabe K Bd. 3. Politik, Gesellschaft, Wirtschaft. 1776–1918. Geschichte für Kollegstufe und Grundstudium. Schöningh/Schroedel. Paderborn 1980.

Mann, Klaus: *Der Wendepunkt*. Ein Lebensbericht. Reinbek 1993.

Pfoser, Alfred: *Zweig, Stefan*: In: Walther Killy (Hg.) Literatur-lexikon. Bertelsmann Lexikon Verlag Bd. 12. München 1992. S. 537.

Rötzer, Hans Gerd: *Geschichte der deutschen Literatur*. C. C. Buchners Verlag. Bamberg 1992. S. 352–353.

Schmidjell, Christine: *Stefan Zweig*. In: Reclams Roman-lexikon. Bd. 3. 20. Jahrhundert I. Stuttgart 1999.

Schunicht, Manfred: *Der „Falke" am „Wendepunkt"*. In: Germanisch-Romanische Monatsschrift N. F. 10 (1960) S.44–65.

Schwamborn, Ingrid: *Schachmatt im brasilianischen Paradies*. Die Entstehungsgeschichte der „Schachnovelle". In: Germanisch-Romanische Monatsschrift (GRM). Neue Folge (N:F:) 34 (1984). S. 404–430.

Sørensen, Bengt Algot: *The Eruption of the Unconscious*. In: Turner, David: Moral Values And the Human Zoo. The Novel-len Of Stefan Zweig, Hull 1988. S. 26–47.

Sørensen, Bengt Algot: *Stefan Zweig: Schachnovelle*. In: Interpretationen. Erzählungen des 20. Jahrhunderts. Band 1. Reclam Universal-Bibliothek Stuttgart 1996. S. 250–263.

Strelka, Joseph: *Stefan Zweig. Freier Geist der Menschlichkeit*. Wien 1981.

Taddey, Gerhard (Hg.): *Lexikon der deutschen Geschichte. Personen, Ereignisse, Institutionen*. Alfred Kröner Verlag Stuttgart 1983.

Unseld, Siegfried: *Das Spiel vom Schach. Stefan Zweig: Schach-novelle 1941/42.* In: Deutsche Novellen. Hrsg. v. Winfried Freund. München 1993. UTB Fink. S. 260.

Zmegac, Viktor (Hg.): *Geschichte der deutschen Literatur vom 18. Jahrhundert bis zur Gegenwart* Bd. III. 1918–1980. Königstein /Ts. 1984. S. 244.

Zweig, Friderike Maria: *Spiegelungen eines Lebens.* Fischer Taschenbuch Verlag Frankfurt/M. 1985.

Internet

http://www.stefanzweig.de
(offizielle Stefan Zweig-Homepage mit Biografie, den wichtigsten Werken und weiterführenden Literaturhinweisen)

http://www.geocities.com/questomane/welcome.htm
(Inhalt der Schachnovelle, Personencharakteristik, Interpretation; Homepage des Gymnasiums Bondenwald in Hamburg-Niendorf)

http://www.krref.krefeld.schulen.net/referate/deutsch/r0316t00.htm
(Krefelder Referate-Homepage, Referat über Schachnovelle)

Bitte melden Sie dem Verlag „tote" links!

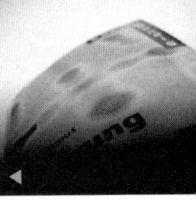

DER ABITRAINER ◄

TWO IN ONE

ORIGINAL ABITURAUFGABEN MIT LÖSUNGSVORSCHLAG
ÜBUNGEN MIT LÖSUNGSTEIL ◄

C. Bange   C.C. Buchners

Der Abitrainer bietet sämtliche Original-Abituraufgaben der Prüfungsjahrgänge 97–01(GK) bzw. 98–01 (LK) mit ausgearbeiteten Lösungsvorschlägen.

Der Abitrainer erklärt vor jeder Abituraufgabe ganz präzise, welche Wissensinhalte für die Bearbeitung des Themas von Bedeutung sind und wiederholt werden müssen.

Der Abitrainer hat einen besonderen „Clou": Den extra Übungsteil zu Textanalyse, Interpretation und Erörterung mit herausnehmbarem Lösungsteil. Jede Übung ist auf eine bestimmte Abituraufgabe bezogen und die Schüler werden durch Querverweise auf sinnverwandte Themen aufmerksam gemacht. Dadurch werden grundlegende Kenntnisse wiederholt, systematische Lösungsstrategien trainiert, wesentliche Inhalte gezielt vertieft und Zusammenhänge verdeutlicht. Der gesamte Lehrgang mit seinen Übungen eröffnet auf diese Weise entscheidend mehr Anwendungsmöglichkeiten, als dies durch ein bloßes Abarbeiten der Abituraufgaben möglich wäre, und erhöht die Sicherheit im Umgang mit literarischen Texten.

Der Abitrainer macht also richtig fit für 's Abitur. Darüber hinaus ist er gut zur punktuellen Vorbereitung von Oberstufenklausuren geeignet und ermöglicht die schnelle Orientierung durch ein umfangreiches Schlagwortregister.

Der Abitrainer hilft durch transparente Darstellung von Lerninhalten auch Schülerinnen und Schülern außerhalb Bayerns und Baden-Württembergs bei einer gezielten Abiturvorbereitung.

Abi-Trainer Deutsch
Grundkurs **Bayern**
192 Seiten
Best-Nr. 1444-3   **Euro 13,30[D]**
13,70 Euro[A] / sFr. 23,20

Abi-Trainer Deutsch
Leistungskurs **Bayern**
224 Seiten
Best-Nr. 1445-1   **Euro 14,30[D]**
14,70 Euro[A] / sFr. 24,80

Abi-Trainer Deutsch
Grundkurs **Baden-Württemberg**
208 Seiten
Best-Nr. 1442-7   **Euro 13,30[D]**
13,70 Euro[A] / sFr. 23,20

Abi-Trainer Deutsch
Leistungskurs **Baden-Württemberg**
192 Seiten
Best-Nr. 1443-5   **Euro 14,30[D]**
14,70 Euro[A] / sFr. 24,80

- **sämtliche Original-Abituraufgaben** der Prüfungsjahrgänge 97–01 (GK) bzw. 98–01 (LK)
- ausgearbeitete **Lösungsvorschläge**
- extra Übungsteil mit Lösungsteil
- **fit für 's Abitur**, auch außerhalb Bayerns und Baden-Württembergs
- umfangreiches Schlagwortregister

KURZ & BÜNDIG

▶ BRINGT'S AUF DEN PUNKT

- schnelle Infos
- kurze Übungen mit Lösungen
- prägnante Erläuterungen
- handliches Faormat

kurz & bündig

im praktischen Taschenbuch-Format 100 x 160 mm

Die Reihe ist für alle diejenigen konzipiert, die sich schnell auf eine bevorstehende Klassenarbeit oder eine Prüfungsklausur vorbereiten müssen. Wer Unterrichtsstoff zur eigenen Sicherheit nacharbeiten oder sich intensiv auf die nächste Unterrichtsstunde vorbereiten will, der findet in „kurz & bündig" genau den richtigen Lernpartner.

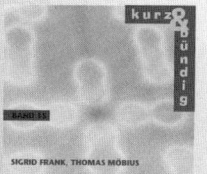

Thomas Brand, Thomas Möbius
Band 1
Erörterung – Sek I (Mittelstufe)
Best.-Nr. 1434-6

Thomas Möbius
Band 2
Erörterung – Sek II (Oberstufe)
Best.-Nr. 1435-4

Brand, Lödige, Möbius
Band 3
Bildbeschreibung, Charakteristik, Referat (Mittelstufe)
Best.-Nr. 1436-2

Thomas Möbius
Band 4
Textanalyse (Oberstufe)
Best.-Nr. 1437-0

Thomas Brand, Thomas Möbius
Band 5
Inhaltsangabe (Mittelstufe)
Best.-Nr. 1438-9

Hartwig Lödige
Band 6
Grammatik (Mittelstufe)
Best.-Nr. 1439-7

Thomas Möbius
Band 7
Kurzdiktate – 4. Sj.
Best.-Nr. 1449-4

Thomas Möbius
Band 8
Kurzdiktate – 5. Sj.
Best.-Nr. 1450-8

Thomas Brand
Band 9
Kurzdiktate – 6. Sj.
Best.-Nr. 1451-6

Thomas Brand
Band 10
Kurzdiktate – 7. Sj.
Best.-Nr. 1452-4

Thomas Möbius
Band 11
Die Facharbeit (Oberstufe)
Best.-Nr. 1453-2

Thomas Brand
Band 12
Protokoll, Schilderung, Kurzvortrag (Mittelstufe)
Best.-Nr. 1454-0

Sigrid Frank, Thomas Möbius
Band 15
ABC der literarischen Grundbegriffe (Drama, Epik, Lyrik)
Best.-Nr. 1459-1

Jeder Band
Euro 5,00[D] / 5,20 Euro[A] / sFr. 9,00

▶ AUFSATZ

▶ QUALITÄT, DIE ÜBERZEUGT

Alle Aufsatz-Bände liegen in der 2. aktualisierten Auflage vor

Die Aufsatz-Lernhilfen für die Klassenstufen 5–13 behandeln die wichtigsten Aufsatzformen der genannten Jahrgänge und decken somit wesentliche Schwerpunkte des Lehrplans ab.

Die Bände enthalten sowohl die wichtigsten Informationen zu den einzelnen Aufsatzthemen als auch zahlreiche Übungsmöglichkeiten. Die Übungen bauen aufeinander auf und sind auf der Grundlage aktueller, schülernaher und unterrichtsrelevanter Texte verfasst. Inhaltliche wie sprachlich-grammatische Aspekte werden in gleicher Weise berücksichtigt.

Ziel ist es, den Schülerinnen und Schülern ein selbstständiges, schrittweises Erlernen der Aufsatzformen zu ermöglichen, das zugleich, anhand der bereitgestellten Texte, auch Spaß machen kann.

Ein Lösungsteil ermöglicht die eigenständige Kontrolle und Verbesserung der Arbeitsergebnisse.

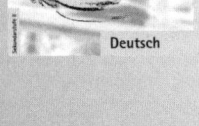

- schülergerecht dargestellt und aufbereitet
- Format (170 x 240 mm)
- klarer, übersichtlicher Aufbau
- zweifarbiger Innenteil zum Hervorheben wichtiger Sachverhalte
- Randleisten mit Tipps, Infos, Hinweisen
- erarbeitet in Anlehnung an die gültigen Lehrpläne

Hartwig Lödige
Aufsatz – für das 5.–6. Schuljahr
Sek I / RS / Gym (HS/AHS)
Sek 118 Seiten
Best.-Nr. 1421-4 **Euro 11,70 [D]**
12,10 Euro[A] / sFr. 20,20
Folgende Themen werden behandelt:
Die Erzählung / Der Bericht / Der Brief / Die Beschreibung / Umgang mit Texten

Thomas Brand
Aufsatz – für das 7.–8. Schuljahr
Sek I / RS / Gym (HS/AHS)
180 Seiten
Best.-Nr. 1422-2 **Euro 13,30 [D]**
13,70 Euro[A] / sFr. 23,20
Folgende Themen werden behandelt:
Inhaltsangabe (auch erweitert) / Bildbeschreibung / Schilderung / Protokoll begründete Stellungnahme und Kurzvortrag

Thomas Brand, Hartwig Lödige, Thomas Möbius
Aufsatz – für das 9.–10. Schuljahr
Sek I / RS / Gym (HS/AHS)
182 Seiten
Best.-Nr. 1423-0 **Euro 13,30 [D]**
13,70 Euro[A] / sFr. 23,20
Folgende Themen werden behandelt:
Informierende, berichtende, kommentierende Texte / Reportage / dialektische Erörterung / Geschäftsbrief / Charakteristik / Argumentationslehre / lineare Erörterung / Facharbeit / Referat

Thomas Möbius
Aufsatz – für das 11.–13. Schuljahr
Sek II / Gym (AHS)
Band 1
144 Seiten
Best.-Nr. 1424-9 **Euro 13,30 [D]**
13,70 Euro[A] / sFr. 23,20
Folgende Themen werden behandelt:
Die Inhaltsangabe / Die Erörterung / Die Textanalyse Facharbeit

Thomas Möbius
Aufsatz – für das 11.–13. Schuljahr
Sek II / Gym (AHS)
Band 2
144 Seiten
Best.-Nr. 1425-7 **Euro 13,30 [D]**
13,70 Euro[A] / sFr. 23,20
Folgende Themen werden behandelt:
Die Textinterpretation / Epik / Lyrik Drama / Textvergleich